Description For Voice Art

성우의 언어
- 성우를 만드는 22가지 질문들 -

글   이숲오
일러스트   Bona

글
이 숲 오   jdvox@naver.com

목소리예술연구소 대표. 보이스 아트 디렉터.
대학에서 컴퓨터공학을 전공했지만, 기계의 언어인 C언어보다 詩언어와 같은 인간의 언어와 말에 매료되어 보이스 아티스트로 활동한 경험을 바탕으로 보이스 아트 트레이닝을 비롯해 시 낭송가 지도, 시각장애인 녹음봉사자 교육, 중고교 읽기 강연, 더 나은 말하기를 위한 읽기 교실 등 일반인들이 성우라는 가장 예술적인 말하기 도구를 통해 누구나 쉽고 친근하게 화술에 접목시키는 대중 강의와 저술 활동에 스무 해 넘게 몰두해 오고 있으며, 대학원에서 성우언어를 타 예술 분야와 통섭, 융합하는 시도와 함께 학문으로서의 가치 탐구, 구축에 힘쓰고 있다.

일러스트
Bona   bona0901@naver.com

뜨개질을 사랑하는 일러스트레이터

Description
For
Voice Art

성우의 언어

성우를 만드는 22가지 질문들

| 추천하는 글 |

정현종
(시인, 소설가)

이 책 『성우의 언어』를 쓴 이숲오는 여러해 전 춘천의 한 공연장에서 시 낭독 및 독자와의 대화 행사에서 만났는데, 그때 그는 낭독 그룹을 이끌면서 참여하고 있었다.

그 그룹은 서너 명이 함께 시를 낭독했는데, 혼자 읽는 것과는 아주 다른 효과를 내면서 청중을 사로잡아 큰 인상이 내게 남아있었다.

그런데 코로나19 전염병 때문에 일을 할 수 없게 되자 불가피한 격리 속에서 – 그의 말을 빌리자면 '예정된 무대들이 사라지는 난감한 상황' 속에서 – 절박한 심정으로 이 책을 썼다는 것이다.

저자는 '성우의 언어와 매력의 근원'을 토대로 여러 예술분야와 통섭, 융합하기를 23년 동안 생각하고 고민을 해 왔으니 그것만으로도 이 책에 대한 믿음이 생기기에 충분하다고 하겠다.

오늘날 인류는 여러 영상매체, 방송매체들이 내보내는 공연예술과 방송을 매일 보고 들으며 살고 있으니 그 매체 종사자들, 특히 성우의 언어는 참으로 중요하다고 하겠다.

예컨대 낱말의 쓰임새뿐만 아니라 그 말을 쓰는 사람의 어조(語調, Tone)는 어쩌면 내용보다 중요하다 할 수 있으니 이 책과 같이 그런 쪽의 창의적인 숙고와, 더 나아가 타 분야와 연결하는 다각도의 연구는 가치가 있다 하겠다.

이 책이 성우를 비롯해 지망생이나 일반인들의 언어와 말하기의 수준을 높이는 데 적지 않게 영향을 줄 것으로 확신하기에, 그 기대와 기원을 담아 진심으로 추천한다.

| 책으로 묶으며 |

1. 말하기의 추억

어느 젊은 건달이 마천루에서 떨어지고 있었다.
50층… 49층… 48층….
그는 떨어지면서 속으로 이렇게 외쳤다.
so far so good
지금까진 다 괜찮아.
SO FAR SO GOOD
지금까진 잘되고 있어.
떨어지는 건 그다지 중요하지 않아.
진정 중요한 건 어떻게 착륙하냐는 것이지!

대학 졸업을 앞둔 어느 날. 사은회가 있던 그 자리에서 은사들을 모시고 돌아가며 앞에 나가 한 마디씩 소감을 말하는 중이었다. 대부분의 동기들은 감사의 마음을 담아

전하는데, 나는 무슨 연유였는지 마티유 카소비츠의 영화 〈증오〉에 나오는 에피소드를 천천히 말하고 연단을 내려왔다. 그해 나만 졸업하지 못했지만, 그때의 설레고 신비로운 경험은 말에 대한 관심을 특별하게 가지게 한 시작점이었다.

2. 모든 경계에는 목소리가 있다

사은회 이전의 나는 소심하고 내성적이어서 말하기는 더욱 어눌하고 자신감이 없는 눌변의 소유자였다. 이런 나의 약점들을 고치려 늦은 나이 어느 방송사 아카데미에 지원해 13개 방송 관련 학과를 통틀어 수석을 하여 부상으로 주는 방송국 로고가 찍힌 손목시계를 차고 포부 당당하게 수료하며 성우연기에 자신감과 함께 고무되어 있던 차에, 처음이자 마지막 공채시험에서 최종까지 올라가는 기염을 토했지만 보기 좋게 탈락했다. 모든 삶의 경계에는 늘 목소리가 있다는 것을 깨달았고, 그 사실은 나에게 큰 충격과 호기심으로 다가왔다. 그 후로 프리랜서로 교육용 CD 녹음, 박물관 전시실 키오스크 목소리 녹음, 공익광고CM 녹음 등으로 그 열정을 불살라 나갔다. 날마다의 성우 녹음은 시시각각 펼쳐지는 하늘의 풍경만큼 다채로웠고 종잡을 수 없는 구름만큼 변화무쌍했다. 그렇게 젊은 날들을 성우에 대한 열정으로 채워나가는 중 우연한 기회에 말하기 강연을 한 것이 계기가 되어 성당 신자들을 위한 독서와 해설

지도, 중학생들을 위한 시 낭송 지도, 마을미디어 진행자들을 위한 읽기 교실, 시각장애인 복지관 낭독봉사자를 위한 낭독 강연 등 수많은 화술 강연에 출강했다. 다양한 분야와 접목해 대중과 만나는 것이 가능했던 이유는 성우언어의 첨예하고 깊은 감성과 어떤 분야의 화술과도 접목 가능한 넓은 스펙트럼을 가진 성우언어의 비밀 때문이 아니었을까.

3. 경계에서의 예술인 성우 / 경계에서의 글쓰기

'성우연기는 기술인가 예술인가'. 이 책을 쓰기 시작하면서 던지는 화두 중 하나였다. 일본 성우 '카미야 히로시'*는 "…성우는 끝이 없는 작업이죠. 성우는 예술가가 아닙니다. 늘 누군가의 오케이 사인이 있어요. 그래서 내가 원하든 원치 않든 그 순간 작업이 강제적으로 끝을 맺게 되죠."라고 성우가 가지는 통제 범위의 한계를 내세워 예술이 아니라고 말하지만, 실제 성우에게 '당신은 기술자인가요?'라고 묻는다면 수긍하기 쉽지 않을 것이다. 물론 공연 환경이나 방식이 예술로서의 자율성이 보장되지 않는다 하더라도 성우가 목소리와 연기를 준비하며 만들어내는 과정은 예술가로서의 면모를 충분히 가지고 있다고 판단된다. 그러하기에, 필자는 발화 중인 성우에 초점을 맞출지 아니면 발화 이전의 성우에 집중해야 할지 쓰는 내내 깊이 고민하지 않을 수 없었다.

---

* 애니메이션 〈진격의 거인〉에서 '리바이' 역을 연기한 일본 성우

성우라는 명칭은 독특하다. 미술을 하는 자를 화가라고 하고, 음악을 하는 자를 음악가, 가수라고 하는데, 성우는 성우를 하는 자다. 행위와 주체의 명명이 일치하는 독특한 직업이다. 그것은 규정할 수 없을 정도로 수많은 분야의 경계를 넘나드는 분야이기 때문일 것이다. 인간(人間), 시간(時間), 공간(空間)은 사이와 경계를 품고 있다. 이 모든 경계에는 목소리가 존재한다. 그 경계에서 존재하는 성우. 경계에 있는 자는 자유롭다. 콘텐츠창작의 요소가 배제된 직업이라 예술가로 불완전해 보일 수 있지만, 준비 과정에서 보이지 않는 창작의 고통이 있으니 모든 것과 통섭 가능하고 융합 가능한 자가 성우다. 필자 또한 긴 시간 성우와 관련된 활동을 했지만, 그 공동체에 예속되지 않은 경계인이다. 경계에 있는 자는 따뜻함과 따끔함의 상반된 시선을 지닌다. 어느 한쪽으로 치우치지도 않으며 어느 한쪽을 가벼이 여기지도 않는다. 경계의 예술 분야에 관해 글을 쓴다는 것은 이미 고착되고 규정된 영역에 관해 이야기하는 것보다 설레고 의미 있는 일이다.

4. 누구를 위한 책인가

이 책의 기대 독자층은 세 부류로 나눌 수 있다. 첫 번째로 현직 성우가 그 대상이다. 아직까지 성우지망생을 위한 방법론을 다룬 책은 있었지만, 성우들을 대상으로 한 유의미한 서적은 전무하다. 이는 성우를 하나의 기술적인 분야로 보고 기술을 습득해 공채에 합격한 이들은 더 이상의 성우에 대한 논의나 연기 고민을 각자의 몫으로 가져간 탓일 게다. 이 책은 성우연기의 고급 기술을 다룬 것이라기보다는 성우연기의 철학적 의미나 인문학적 문제 제기를 함께 던져놓고 함께 고민해 보자는 취지가 더 크다. 또한, 광활한 영역을 협소하게 정의내리는 것을 경계하고 성우언어의 가능성과 확장성을 다각도로 살피고 열거하고자 한다. 이 책을 구성하는 문장들은 저자가 함부로 단정 짓는 주장이나 가설이 아닌 성우언어를 사랑하는 이들에게 정중하게 내미는 질문들의 나열이다. 그들과의 생산적인 담론을 기대한다. 두 번째 희망 독자는 성우지망생이다. 충분히 넘치는 성우지망생들을 위한 기술적인 방법 제시들은 이 책에서 최대한 배제했다. 이 책은 지망생들에게 단편적인 요령 습득보다 현재 가지고 있는 성우연기에 대한 마인드를 광활한 틀에서 그려나가는 데 도움이 되었으면 좋겠다. 또한, 그들이 지금 하고 있는 성우 공부가 공채 시험을 벗어나 얼마나 가치 있고 유용한지를 새삼 절감하는 계기가 된다면 더할 나위 없겠다. 세 번째 대상은 말에 대한 관심이 많으나 스피치 학원을 가지 않고 혼자서 화술을 훈련하고 싶어 참고할 대상(모델)을 찾고 있는 일반인이다. 거창하고 번거로운 스피치 훈련이 아닌 성우언어라는 매력적인 도구를 통해 말하기를 변화하고자 하는 이들에게 무언가를 따라 하는 방식보다 천천히 읽으면서 적절한 영감을 받아 자연스럽게 말하기를 개선하도록 이 책은 낮은 목소리로 각자의 걸음걸이에 맞춰 안내할 것이다.

5. 특별하게 감사드리는 분들

글은 혼자 썼지만, 책은 이분들이 아니었다면 세상 밖으로 나오지 못했을 것이다. 이사를 하려고 내놓은 세간살이처럼 누추하기만 했던 난잡한 글뭉치들을 책이라는 공간에 곱게 자리 잡도록 허락해준 도서출판 〈시간의 물레〉 권호순 대표님, 주옥같은 詩들 만큼이나 말에 대한 남다른 조예와 깊은 애정으로 기꺼이 추천사를 써주신 정현종 선생님께 감사드린다. 형언할 수 없는 감사에 대한 내 빈곤한 수사(修辭)가 원망스럽다. 추상적 개념들을 놀라울 정도로 아름답게 시각화해 준 신예 일러스트레이터 BONA 님에게도 감탄과 감사를 전한다. 십 년이 넘도록 제자로 남아줘서 고마운 경, 미. 너희들의 열정은 충분히 눈부시고 아름답다. 죽는 날까지 미안하고 고마운 영, 린, 민. 앞으로 더 잘할게. 천상에 계신 나의 영웅 아버지, 지상에 계신 사랑하는 어머니께 이 책을 바친다. 성우언어에 깊은 열정과 호기심을 가지고 이 책을 집어 든 그대에게도 성원과 감사를 드린다.

신축년 세계 책의 날에 - 이 숲 오

Description For Voice Art
성우를 만드는 22가지 질문들

목 차

- 추천하는 글 / 시인 정현종 ········· 4
- 책으로 묶으며 ········· 6

- 프롤로그 ········· 19

제1부
성우는 언어에 무엇을 담아 내는가

호흡의 신세, 상상의 지원 ········· 26
성우의 시선 ········· 33
여백연기 ········· 43
호흡의 근거 ········· 48
움직이는 이미지 ········· 54
이미테이션이 아닌 미메시스 ········· 57

제2부
성우는 텍스트를 어떻게 다루는가

의미전달능력 · 64
대상의 존재감 · 72
대상으로서의 사물 · 79
중심 감정과 세부 감정 · 82
기억과 기대 사이 … 그 어디엔가 · · · · · · · · · · · · · · · 85
텍스트에서의 문장구조 · 89
HOW가 아닌 WHY · 94
캐릭터의 설계도 · 98
장소와 공간감 · 102
아름다운 긴장 · 106

제3부
성우의 언어는 어디까지 꿈꾸는가

사실적 연기, 진실의 언어 · 114
감정보다 감성 · 118
목소리 디자인 · 125
성우와 스타일 · 129
성우의 테크닉 · 133
마인드 다층화 · 139

■ 세상에 풀며 · 145

| 프롤로그 |

'성우는 연기자'라는
명제에 대한 재고찰

성우는 정녕 연기자인가?

당신이 성우를 잘 알고 있다면 '성우는 연기자다'라는 말에 반문하지 않을 것이다. 그러나 처음엔 '성우도 연기자인가'라는 의구심에서 차차 '성우는 연기자구나'로 이어지는 이 확신의 명제는 실질적으로 성우를 깊이 들여다볼 때 한계를 드러낸다. 그러기에 더 폭넓은 고민이 필요하다. '성우는 무엇이다'라는 형태의 연역적인 접근은 확장을 멈추게 하여 예술의 영역을 가로막는다. '성우는 연기자다'라는 말은 부풀어진 풍선이고, '무엇도 성우이다'라는 말은 열린 깔때기와 같다. 안으로 닫으려는 문을 이젠 밖에서 활짝 열어야 할 시간이다.

성우는 '연기'만으로 규정할 영역인가를 의심해봐야 한다. 그러기에 '성우는 무엇이다'라는 가치판단보다는 '무엇도 성우이다'라는 문제 제기로부터 다가가는 귀납적 접근이 풍부한 가능성과 가치를 생산한다. 성우를 연기적인 이야기로만 풀어갈 때 발생하는 부작용은 성우를 예술로부터 이탈하여 기술/기능의 영역으로 가둬버린다. 성우는 연기자로 수렴되는 것이 아니라 '무엇들의 발산이 집약된 무언가'로 보아야만 확장 가능성을 지닌 예술 분야로 변모시킬 수 있다. 성우는 단순한 연기자라기보다는 경계에서 자유로운 예술가다.

기술(技術:기교)이 아닌
기술(記述:서술)

  사물에 속도를 가하면 그 성질이 변한다. 고속으로 달리는 차가 사고 후 종잇장처럼 구겨지거나 찢겨진 상태를 보게 된다. 철로 만들어진 차는 달리는 순간 멈추어 있던 상태에서의 성질을 잃어버리고 다른 성질의 무엇이 된다. 목소리도 그러하다. 발화된 목소리는 꽃이 되기도 하고 칼이 되기도 한다. 속도가 붙은 소리를 살핀다는 것은 물이 첨벙하는 순간을 그려내는 일이다. 화가 데이비드 호크니는 찰나의 순간을 제대로 포착해 관객에게 보여주기 위해서는 느리게 느리게 그릴 수밖에 없다고 말한다. 그러다 보니 일련의 성우연기관련 서적을 참고해 성우언어의 매력과 가능성을 대중에게 이해시키고 전달하기에는 표현의 한계가 있었다. 그렇게 답답해하던 차에 성우로부터 멀리 자리한 것만 같았던 철학, 미술, 음악, 건축, 문학 등이 내게 말을 걸어왔고 그들의 언어는 불가능하리라 여겼던 성우언어를 해독하는 데 적합한 도구와 예술적

영감이 되었다. 이 책은 그렇게 느리게 느리게 성우언어를 관찰하고 성우 밖의 언어로 해석한 결과이다. 더 나아가 성우언어가 성우만의 전유물이 아닌 말하기의 가장 이상적인 표본이자 본보기임을 증명하고 제시한 것도 놓치지 않으려고 했음을 덧붙인다. 이름하여 성우언어의 대중화다.

성우연기의 기술!
여기에서 말하는 기술이란 기교(technique)가 아니라 서술(description)을 말한다. 방법 혹은 요령의 모사를 통한 제시보다 선행되어야 하는 부분은 성우라는 예술의 행위를 조목조목 정교하고 심도 있게 서술하는 것이다. 어떤 살아있는 대상이 있다고 할 때, 무작정 행위만을 요구하는 것보다 대상 자체를 객관적으로 이해하는 것이 우선이다. 세상의 수많은 색채보다 풍성한 인간의 감정과 감성의 목소리를 기술이나 기교로만 다루는 것은 무모한 일일 것이다. 정형화되는 기교보다 서술로써 성우연기를 조금 더 자세히 들여다보고 표현해 내고자 한다.

하나의 이야기에서
모두의 이야기에로

 최근 몇 년간 성우 관련 서적은 부쩍 늘었으나, 그 대상이 지망생에 편중되어 정작 성우나 성우를 다양한 시각으로 바라보려는 이들에게 도움이 되는 책은 전무하다. 이제는 예술가로서 성우가 가진 특별한 매력과 소리의 비밀들을 공채시험 방법론에만 국한시킬 것이 아니라 공론/담론화를 불러일으킬 의미 있는 화두들을 매 시대마다 마련하고 세상에 던져야 할 것이다. 그것의 시작은 성우언어의 깊이를 담아낼 철학적이며 인문학적인 접근을 다룬 책들을 지속적으로 세상에 내놓는 일이다. 또한, 좋은 책은 전문적인 분야를 깊이 다룰수록 그들만의 언어로 매몰되는 것이 아니라 대중들이 읽고 그들의 삶의 어떤 영역을 확장하는데 기여할 수 있다고 믿는다. 성우라는 하나의 이야기에서 세상 모두의 이야기로 확장되는 그 작은 물꼬를 트는 가치 있고 절박한 시도를 이 책에서 하려고 한다.

제1부

성우는 언어에 무엇을 담아 내는가

제1부

성우는 언어에 무엇을 담아 내는가

호흡의 신세, 상상의 지원

성우를 지탱하는 두 다리는
호흡과 상상력이다

정확하게 말하고 싶었어

했던 말을 또 했어

채찍질

채찍질

꿈쩍 않는 말

말의 목에 팔을 두르고

니체는 울었어

헛바닥에서 헛바닥이 벗겨졌어

두 개의 헛바닥

하나는 울며

하나는 내리치며

정확하게 사랑받고 싶었어…

- 장승리, 시 〈말〉 중에서

  누구나 정확하게 말하기를 원합니다. 누군가와 정확하게 사랑하고 사랑받기 위해서도 말의 역할은 중요하죠. 그런데 말이란 것이 워낙 성글어서 매번 주고받는 말들은 엉뚱하게 오해되고 빗겨나가 낭패를 봅니다. 적어도 그런 경힘에서 변화를 적극적으로 시도하려는 이들은 우선 아나운싱이나 스피치와 같은 화술을 참고하게 되죠. 아나운싱은 일상에서의 말보다는 정보를 분명하게 전달하는 부분에 특화된 말하기이고 스피치 또한 어떤 목적으로써의 말하기입니다. 우리는 말을 할 때에 반드시 목적을 가지고 말하지 않아요. 자연스러운 생활 속에서의 말하기를 잘하고 싶어 하는 경우가 더 많습니다. 정보를 전달한다는 것은 일방적인 말하기 형태이지만 일상의 언어로 연기하는 것은 상호적인 주고받음을 의미하죠. 그러기에 생활 속 언어를 비교적 적확하고 자연스럽게 전달하는 말하기를 잘하고 싶다면 성우연기의 특징을 조목조목 살펴보는 것이 오히려 도움이 될 듯합니다.

요즘 같은 팬데믹 사회에서 마스크로 입을 가린 채 대화를 나누는데, 이는 상당 부분 말하는 이에게는 불리한 조건이 아닐 수 없습니다. 우리는 상대의 말을 들을 때 표정과 입모양을 통해 말의 의미를 더 정확하게 전달받기 때문이죠. 앞에 있지만 전화기 너머에 있는 것처럼 오직 목소리에만 의존해서 상대방의 메시지를 전해 듣는 상황이 라디오 청취를 할 때와 비슷하다는 느낌을 받습니다. 정확한 발음과 정확한 의도를 가지고 말하는 성우의 말하기가 여느 때보다 절실한 시기가 요즘이 아닌가 싶은데요, 그렇다면 성우의 정확한 말하기에는 어떠한 비밀들이 담겨 있는지 함께 살펴볼까요?

성우는 육체를 드러내 연기하지 않기에 다른 분야의 연기에 비해 언어전달력의 차원이 남다릅니다. 탤런트나 연극배우, 영화배우 등의 연기는 의상, 세트, 상대 배우 등 배우의 연기를 돕는 장치가 풍부하지만, 성우는 목소리 자체에 집중하고 의존하는 정도가 높습니다. 무엇보다도 의미전달력은 분명해야 하고 감정전달력은 섬세해야 합니다. 이러한 언어전달력을 지원하여 완성케 하는 것은 성우로부터 나오는 호흡과 상상력입니다. 호흡한다는 것은 감정과 몸의 갈등이 각각의 의미를 내포하며 능동적으로 작동되었음을 의미하는데, 이 작용은 상상력과 만나서 더욱 입체적인 소리 형태로 드러납니다.

성우의 호흡은 대상이 존재하느냐 그렇지 않으냐의 문제보다 중요합니다. 호흡은 감정의 발자국이기에 감정이 작동했다면 그 지나간 흔적을 호흡으로 드러냅니다. 적어도 분명한 자국을 남기려면 호흡은 대상 존재유무 외의 여러 상황들을 온전하게 감각해야 합니다. 호흡의 피부는 시대적 감수성에 민감하기 때문에 예민하게 반응하는 것에 익숙해지지 않으면 듣는 이의 감성과 동떨어진 연기로 드러납니다. 그러기에 성우의 퇴보는 목소리에 있지 않으며, 오래된 감성에서 나오는 호흡의 반복적 적용에 기인합니다. 목소리는 헤어스타일, 의상의 유행처럼 시대에 따른 감수성을 띠기에 늘 살피고 돌봐야 하는 거죠.

상상력은 성우를 숙련된 기능인의 영역 이상의 차원 높은 예술가로 부상시키는 결정적 요소입니다. 성우의 가치는 타고나거나 단련된 목소리에 국한되는 것이 아닌 스스로 상상의 텃밭에서 생산해낸 자신만의 고유한 호흡들에 담겨 있죠. 그러니 상상의 깊이와 크기가 성우를 특별하게 만듭니다. 성우가 미래에도 각광받으려면 상상력이야말로 절대적인 필수조건이 될 것입니다. 목소리가 평범한 성우는 비난의 대상이 되지 않지만 상상력이 빈약한 성우는 외면의 대상이 될 것이 분명하기 때문이죠. 성우언어는 발화하는 순간 실제에 머무르지 않고 상상의 영역으로 옮겨가게 됩니다.

시대에 따라 상상의 범위와 틀은 그 형태를 고정하지 않고 변화를 지속합니다. 성우는 이런 변화 속에서 현재를 감각적으로 읽어내고 기억하고 반추하기에 주저하지 않으며 목소리가 가진 다양성의 한계를 걱정하기보다는 상상의 멈춤을 두려워합니다. 이렇듯 상상력과 호흡은 상호작용을 거듭하면서 성우의 발화 태도를 신선하게 유지시키며, 매번의 독립된 발화양식을 온전하게 드러내도록 도와줍니다. 성우의 호흡은 순전히 역동성이나 감정을 담아내는 것에 그치지 않고 지금 이 순간, 이 시대와 나란히 호흡하는 것을 의미합니다. 이미 표현된 호흡은 발화하는 순간 박제되고 휘발되어 폐기됩니다. 마치 불꽃놀이의 폭발된 화약처럼 화려하게 번쩍이고 사라지는 모습과 같습니다.

성우연기는 녹음된 음성이지만 '여기, 지금'이라는 현재성의 촉발로 청자에게 즉각 전달됩니다. 성우의 호흡과 상상은 일차적으로 잘 설계된 그림 위에 현장에서 우연으로 마련된 그림을 덧입히면서 강력한 현재성으로 완성시키는 데 투입됩니다. 연극연기와 달리 성우연기는 한 번의 연기를 반복해서 청자들에게 소비하는 것을 염두하기에 현재성을 고민할 수밖에 없습니다. 셀애니메이션에서 셀룰로오스 아세테이트들을 겹치듯 말이죠. 상상과 호흡은 상보적입니다. 결국 상상의 지원을 받지 않은 성우의 호흡은 미메시스(mimesis)*가 불가능하며, 호흡의 신세를 지지 않은 성우의 상상은 이미테이션(imitation)의 유혹에 빠지게 됩니다.

---

* 미메시스에 대한 구체적인 설명은 이 책 〈이미테이션이 아닌 미메시스〉편을 참조할 것

성우의 시선

대상을 느끼는 것이 거시적 감정전제라면
시선은 미시적인 감정전제이다

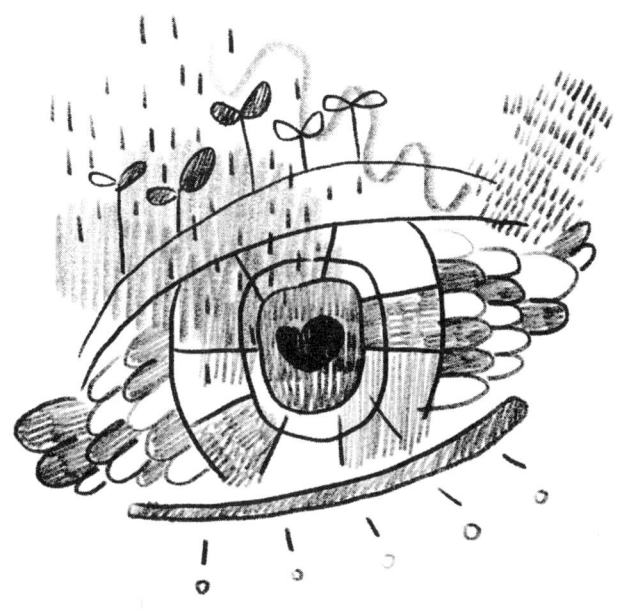

성우는 순우리말표현이 아직 없으며, 한자로 '**聲優**'라고 쓴니다. 두 개의 한자어로 구성된 이 단어는 곰곰이 살펴보면 많은 메시지를 우리에게 던져 줍니다. '성(聲)'은 17획으로 구성되며 소리를 뜻합니다. 이 글자의 부수는 '이(耳)'. 귀를 뜻합니다. 참 흥미롭습니다. 소리는 분명 사람의 입을 통해 나오는 것인데, 복잡하게 구성된 글자 안에 입 구(口)자는 보이지 않고, 엉뚱하게 귀 이(耳)자가 있다는 건 무언가 의미심장해 보입니다. 이는 말의 본질이 말하는 이(화자)에 있는 것이 아니라 듣는 이(청자)에 있음을 일깨워주는 듯합니다. 성우는 이 점에 유의해 말하는 데 특화되어 있는데, 성우의 발화는 청자를 배려하는 것을 기본으로 하기 때문이죠. 그 다음의 글자 '우(優)'는 성(聲)과 동일하게 17획으로 구성되며, 그 뜻은 분분합니다. 여기서부터 성우의 개념이 분절됩니다. 우선 '부드럽다'라는 의미가 있습니다. 이는 비슷한 의미로 '뛰어나다', '우수하다'와 일맥상통하는데 소리 울림의 비범함을 뜻합니다. 그러나 그 다음의 의미가 심상치 않게 다가오는데요, '넉넉하다'라는 의미입니다. 이는 『예기(禮記)』에서 말하는 '周公優爲之'*에서와 같이 '넉넉하다'는 의미로 해석되어야 성우의 본질에 가깝게 설명할 수 있습니다. 성우의 목소리는 뛰어나고 아름답기도

---

* 周公優爲之(주공우위지): 그래서 주공은 그 일을 넉넉히 해냈던 것이다.

하지만 넉넉함을 가지고 있기 때문입니다. 넉넉하다는 것은 목소리 자체의 소리적인 결보다 목소리의 스펙트럼을 말하는 것입니다. 하나의 목소리로 천 개의 느낌을 만들어내는 넉넉함, 그것이 성우의 존재 이유이고 가장 큰 매력입니다. 어쩌면 성우는 '목소리가 좋은 사람'으로보다는 '목소리가 넉넉한 사람'으로 이해하는 것이 대중으로부터 목소리에만 집중하고 판단되는 현재의 오해로부터 벗어나 더 올바르게 성우를 바라보게 되지 않을까요? '뛰어나다'는 타자와의 비교 우열을 내포하고 있지만 '넉넉하다'는 자신의 문제로 집중되기에 더욱 의미가 분명하죠. 또한 그 목소리의 넉넉함에는 시선이 있습니다.

성우는 텍스트로부터 시선을 분리해서 연기하지 않는 유일한 연기자입니다. 그렇기에 성우연기에 있어서 시선은 독특한 의미를 가집니다. 시선은 성우가 풍부한 감정을 전달하는 데도 큰 역할을 하지만 그 이상의 가치를 품고 있습니다. 시선의 동적인 이동은 세부 감정이 작동하고 있음을 의미합니다. 시선을 드러낸 연기야말로 화자가 본격적으로 감정의 변이 속으로 진입하고 있다는 신호입니다. 시선을 배제한 성우연기는 입체감 있는 캐릭터의 표현이나 감정전달을 기대하기 어려운 이유가 여기에 있습니다. 감정으로 진입하는 목소리는 시선의 전원을 공급받아 더욱 일관성 있게 발화되기 때문이죠. 그렇다면 성우에게 있어서 시선은 어떤 기능을 하며, 시선을 통해서 성우는 어떤 가능한 일들을 해낼 수 있는지 다각도로 살펴보겠습니다.

시선은 항상 대상의 존재감을 나타냅니다. 그 대상은 움직이고 있거나 움직일 가능성이 있기에, 매 순간 감정의 갈등작용을 통해 표정의 역동성이 반응되어 화자에게 던져집니다. 여기에서의 시선은 정적인(static) 연기로부터 동적인(dynamic) 연기로 전환하도록 추동합니다. 이것은 연이어 호흡의 역동성으로 연결되며, 화자와 대상 사이에서 교감의 자기장이 형성되는데, 이때 대상의 시선을 끌어안아야 하는 상황이 옵니다. 이에 반응하는 화자가 시선을 감당하지 못한 경우, 공허한 발화로 이어지며 화자의 연기적 긴장은 멈추게 됩니다. 곧 감정은 길을 잃어버리고 사라집니다. 이때 대상의 반응으로 준비된 말들은 그 순간 연기적 소음이 됩니다. 시선이 사라지지 않아야 대상을 놓치지 않으며, 극적 긴장 또한 유지할 수 있습니다. 그렇다면 시선이 가져다주는 효과로는 어떤 것들이 있을까요?

  시선은 대상과의 거리를 결정짓습니다. 이때의 인식은 목소리를 조절하게 하고, 감정의 결을 고민하게 합니다. 이와 동시에 말의 목적을 지닌 발화이기에 달성하기 위한 지향점을 향해 나아가게 합니다. 거리감은 상황판단과 공간에 대한 재인식을 하게 하며, 더 나아가 공간감의 연출을 위한 사전준비를 요구합니다. 시선은 화자를 공간으로 밀어 넣어 감정과 이성을 쏟아붓게 하는 최적의 조건으로 만들어 줍니다. 여기에 촉매 역할을 하는 것은 동선입니다. 이 순간 성우연기의 입체감은 확장됩니다. 이것은 상체만 작동하는 로봇이 아닌 각 부분의 관절이 작동되는 사람처럼 그 움직임을 자연스럽게 느끼게 해줍니다. 성우연기가 자연스러운 것은 화자의 섬세한 시선 처리를 통한 호흡으로 시공간이 마련되고, 그 안에서 대상과의 끊임없는 시선을 통한 감정교감으로 이어지기 때문입니다.

대상의 거리를 놓치는 순간 화자의 시선은 흔들리며 감정의 긴장이 무너지게 됩니다. 의도적으로 불완전한 표현을 계획하였더라도 지속적인 시선의 유지안에서 시도된 것이 아니라면 개연성 여부가 여실히 드러나게 됩니다. 이때 시선의 안정성은 톤의 상태로 매 순간 점검할 수 있습니다. 시선의 가치는 자코메티*의 시선에 대한 에피소드에서 잘 드러납니다.

> … 어느 날 소녀의 얼굴을 그리다가 문득 깨달았다. 유일하게 살아있는 것은 그녀의 '시선'뿐이라는 것을. 나머지는 모두 그저 두개골에 지나지 않았다. 누구나 살아있는 인간을 조각해 내고 싶어한다. 인간을 살아있게 만드는 것은 분명 '시선'이다. 그 밖의 것은 '시

---

* 알베르토 자코메티(1901-1966): 스위스 조각가, 화가

선'을 받쳐 주는 골격일 뿐이다. 어느 순간부터 나는 거리의 사람들을 보면 살아있는 정수는 아주 작은 부분에 지나지 않는다고 느껴졌다. 나는 살아있는 존재를 전적으로 눈을 통해서만 보았다 ….

– 알베르토 자코메티

대상의 존재감을 느낀다는 것은 거시적인 표현전제이고, 화자의 시선 처리는 미시적인 표현전제입니다. 화자는 시선의 이동에 따라 감정의 역동성을 나타낼 수 있으며, 시선의 위치에 따라 소리의 높낮이가 결정됩니다. 시선은 단순하게 대상과의 문제로만 해결되는 것이 아니라 공간에 배치된 소품과의 연관도 염두해야 합니다. 사물의 피사체에 대한 시선의 적극적인 접근은 초점의 선명도에 따라 감정의 형태를 다양하게 형성하며, 그 명료함을 가능케 합니다.

원근에 대한 구분, 상하의 구분, 좌우의 구분 등의 구체적인 시선 처리의 적용은 성우연기의 사실성과 입체성을 결정짓는 데 큰 역할을 합니다. 정적인 영상에서 벗어나 동적인 영상을 표출하게 하며, 이야기의 장면 구현에 있어서도 비주얼한 결과물을 기대할 수 있게 합니다. 시선 안에 포착된 대상은 사물과 인물에 모두 해당되며, 각각의 인지 방식은 상호 감정교류의 여부에 따라 다르게 반응합니다. 시선 처리가 주는 매력은 대상을 보다 또렷하게 형상화한다는 점입니다. 대상의 운동감을 드러내며, 화자의 갈등생성에 그 원인을 제공해 줍니다.

시선의 원근감에 대한 표현은 발화시 목소리의 크기를 결정합니다. 특히, 회상하는 장면에서의 시선 처리는 피사체 간의 이동에서 보여주는 선상 이동뿐 아니라 현재와 과거를 잇는 시간 이동을 표현하는 데 적절한 수단이 됩니다. 이때 템포를 더하면 더욱 극적으로 표현할 수 있습니다. 좀 더 구체적으로 살펴볼까요? 숙련된 성우는 텍스트 상에 묶여 있는 시선을 자유롭게 사용합니다. 화자의 시선 처리의 방향은 제1의 시선*으로부터 제2의 시선**으로의 시도가 필요합니다. 제1의 시선 적용을 통해 제2의 시선을 간접적으로 경험해보는 것도 좋은 방법입니다.

그 다음은 상상력의 적극적이고 자유로운 개입입니다. 제2의 시선을 통한 시선 처리야말로 대상과의 거리를 유연하게 변화시켜 줍니다. 제2의 시선이 자유롭지 못한 경우 텍스트로부터 눈까지의 거리에서 벗어나지 못해 단조로운 대상과의 거리와 동적인 사건의 표현들을 할 수 없습니다. 이렇듯 시선 처리는 공간 안의 배치상황을 평면적인 구조로부터 자유롭게 합니다. 연속적으로 사건을 불러일으킴으로써, 상호 시선의 교감을 장력으로 유지할 필요가 있습니다.

말하는 실제의 공간이 아닌 상상의 공간인 제3의 공간 안에서의 시선과 동선은 평행하지만 결코 만나지 않습니다.

---

* 제1의 시선: 실체로부터 바라보는 시선.
** 제2의 시선: 실체 너머로 상상에서 바라보는 시선.

이때 정지되었을 경우와 움직이는 경우로 나뉘는데, 정지한 상황에서의 화자는 손동작이나 몸의 뒤틀기를 통한 시선에만 의존하지만, 움직이는 상황에서의 화자는 동선과 시선의 복합적 작용을 의식해야 합니다. 또한, 동선의 수평적 변화에 따른 시선의 무절제한 움직임이 조화롭고 유연하게 반영되어야 합니다.

여백연기

말할 때보다 말하지 않은 순간을
제대로 말할 수 있어야 한다

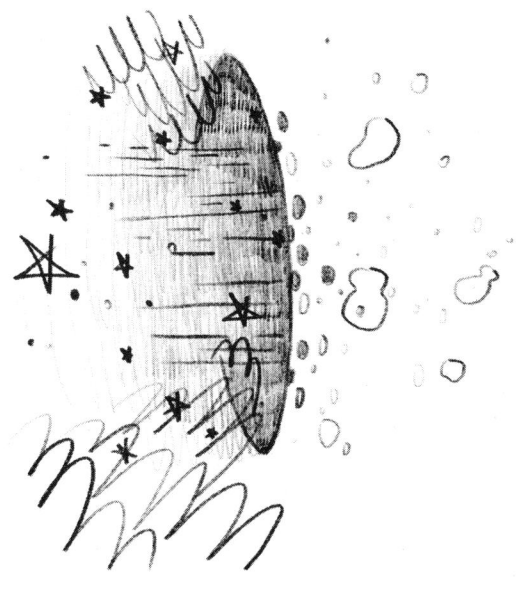

"동양화에서의 여백은 단순 화폭에서 다 그리고 난 후의 나머지로서의 여백을 의미하지 않듯이 화면에서의 여유와 편안함, 그리고 상상력마저 가능케 한다.

이는 화면에 표현된 세계보다도 더 많은 내용을 표현하기 위한 의도적인 표현이다. 또한 여백을 생략의 소극적인 의미가 아닌 일종의 적극적인 표현으로 간주될 수 있다."

— 조용진·배재영, 『동양화란 어떤 그림인가』 중에서

성우연기에서 대사연기를 전달하는 매개는 활자를 호흡에 실은 목소리입니다. 궁극적 수단이 되는 활자를 연기함에 있어서 텍스트의 이해는 필수적입니다. 활자의 표면적 이해보다 더 중요한 것은 활자 간의 행간이 만들어 내는 '소리 없음에 대한 이해'입니다. 이것은 마치 진공상태(언어가 없는 상태)같이 존재하는데, 아무것도 존재하지 않는 진공의 의미보다는 감정의 결속과 교차가 일어나면서 화자가 갈등을 준비하는 목소리의 부재상태를 의미합니다. 성우연기는 말하는 연기인데, 말하지 않는 부분의 연기를 이야기한다는 것은 마치 동양화에서 말하는 여백의 개념과 일맥상통합니다.

성우연기에서 활자연기보다 서둘러 염려해야 할 부분은 여백연기입니다. 각 문장 사이에서 일어나는 감흥을 위해서 여백의 물리적 시간을 점검해야 합니다. 처음에 보이는 문장 간의 시간은 측정하기 어려울 정도로 신속하게 지나갑니다. 빽빽하게 늘어선 문장 속에서 충분한 시간의 여유 없이는 놓치는 것이 많아집니다. 완급조절을 이용하여 다양한 여백의 형태를 마련하고 그 자리에 감정의 변이를 적용해야 합니다. 그렇다면 준비된 여백에서 기대할 수 있는 효과는 무엇일까요?

우선 문장마다의 세부 감정을 단일하게 연결하려는 유혹에서 벗어날 수 있습니다. 초기에 잡은 중심 감정에 사로잡히지 않고 굽은 길을 운전하듯 말의 운행을 긴장감 있게 다루게 됩니다. 이것은 '나는 화가 난 사람이오'라는 단순한 표현에서 더 섬세하게 '나는 어떤 사건의 오해로 화가 나려고 하지만 누군가의 배려로 그 마음이 다소 가라앉혀지려는 찰나인데 아까 급히 먹은 음식으로 인해 속이 더부룩하여 기분이 몹시 불쾌한 사람이오'라는 실질적으로 존재 가능한 입체적인 화자로 표현할 수 있습니다.

다양한 세부 감정을 문장마다 여백의 시간에 회전을 거듭하여 마침내 입체적인 인물이 탄생합니다. 이러한 과정을 통해 리얼리티의 성우연기는 관념적 설정이나 중심 감정에만 집중되는 것을 경계합니다. 이는 성우연기에서 흔히 다루는 포즈(pause)보다 적극적인 개념인데, 단순히 말하기를 멈추는 것에 그치지 않고 다음의 말하기를 보다 생동감 있게 전환하는 데 필요한 갈등을 마련합니다.

우리는 흔히 매끈하게 읽거나 말하는 형태를 이상적인 말하기로 여깁니다. 머뭇거림, 주저함 등 눌변 형태에 가까운 말하기를 여백의 말하기라 칭할 수 있는데, 이는 타인과 공감하거나 진정성의 말하기를 할 때 필수불가분한 요소가 됩니다. 거침없이 말하는 순간에는 장애물이 존재하지 않아 자칫 웅변으로 전달되어 청자로 하여금 거부감을 갖게 하죠, 여백이 존재하는 말하기는 말하기의 외형에 집중해 언어정돈을 추구하기보다는 내면의 전달을 정확하게 하기 위해, 화자에 온전히 집중해서 무엇을 말하려는지 무엇을 전달하려는지를 현재성에 입각해 판단합니다. 말하기에 여백을 가진다는 것은 외부의 상태에 휘둘리지 않고 자신의 리듬에 맞춰 진정성 있게 말한다는 것입니다.

호흡의 근거

화자는 대상의 호흡을 느끼는 순간
비로소 의미 있는 꿈을 꾸기 시작한다

성우연기는 호흡으로 시작해서 호흡으로 끝납니다. 모든 언어의 발화가 그러하듯이 들숨과 날숨이 반복되는 호흡 안에서 감정전달은 가능해집니다. 사실, 인간 사이의 의사소통은 어쩌면 호흡의 주고받음이 아닐까요. 화자로부터 나온 호흡의 정도는 대상으로 하여금 반응(reaction)의 호흡을 결정지으며, 다시 던지는 대상(그는 또 다른 화자가 되어)의 반응 호흡이 화자(그가 다시 대상이 되어)의 반응 호흡에 영향을 주게 됩니다. 이는 '끝말잇기'놀이와 닮았습니다. '하늘소'라고 화자가 말하면 대상은 '소나무'라고 말한다고 해볼까요. 그다음 화자는 '무지개'라고 했을 때, 화자는 '하늘소'라고 말하는 시점에 그가 '무지개'라고 말하리라고는 예상할 수 없습니다. 왜냐하면, 대상이 '소나무'라고 말하지 않고 '소방관'이라고 말할 경우, 화자가 미리 '무지개'라고 말할 채비를 한들 얼마나 무모한 준비가 되는 걸까요. 이런 난감한 예상들은 대상에게도 똑같이 적용되어 놀이를 더욱 흥미진진하게 만듭니다. 이렇듯 화자의 호흡은 대상의 초기호흡에 결정적 방향타를 제시하며, 대상은 나름의 감정선에서 화자에 영향을 미칠 호흡을 준비하게 됩니다. 다른 예를 들어보겠습니다.

초행길을 지나다가 낯선 이에게 길을 묻는 당신을 상상해 보세요.

> ■[상황 1]
>
> 당신 : (웃으며)"저기… 서울역을 가려면 어떻게 가야 하죠?"
>
> 행인 1: (귀찮은듯)"저기 표지판 안 보이세요?"
>
> 당신 : (멋쩍은듯)"아… 네… 죄송합니다." ← (1)
>
> 당신 : (열받아서)"뭐 이런 게 다 있어?" ← (1')
>
>
> ■[상황 2]
>
> 당신 : (웃으며)"저기… 서울역을 가려면 어떻게 가야 하죠?"
>
> 행인 2: (지나치게 친절한)"저… 지금 거기 가는 길인데….
> 　　　　직접 안내해 드리죠. 제 차 타시죠."
>
> 당신 : (부담스러운)"네에… 그러실 필요까지는…." ← (2)

당신은 길을 묻기 전에 (1)의 반응과 (2)의 반응을 미리 준비하지는 않았을 겁니다. 당신과 수많은 – 관계지어지지 않은 – 행인의 성격과 감정 상태를 예상할 수 없기 때문이죠.

행인 1의 반응이라 할지라도 당신의 응대가 천차만별로 펼쳐질 가능성도 배제할 수 없게 됩니다. [상황 1]에서 당신은 행인 1의 무성의한 대답에 (1)과 같이 반응했다면 그나마 조용할 결말이, (1')와 같이 반응했다면 그다음에 벌어질 상황은 가히 풍부한 액션을 동반한 호흡과 피의 결전장이 될 수도 있겠네요. 여기에서 우리는 단순한 반응의 경우들을 이야기하고자 함이 아닙니다. 당신과 행인들 사이에는 보이는 대사의 주고받음만큼이나 격렬한 보이지 않는 호흡과 갈등의 주고받음이 숨겨져 있기 때문입니다. 이것이 성우의 중요한 관심사가 됩니다. 당신이 웃으면서 말하는 순간 그 표정과 어미의 호흡 정도가 불규칙하거나 조율되지 않을 경우 행인 1의 심사를 불편하게 할 수도 있습니다. 단순한 위치를 묻는 차원을 넘어 행인 1을 비웃는 듯한 웃음의 호흡이 그로 하여금 당연한 반응을 불러올 수도 있습니다. 이 때, 우리가 몸소 철저히 느껴야 할 부분은 당신이 [상황 1]에서 어떠한 웃음의 호흡을 선택하며, 행인 1의 행세를 어떻게 감지했느냐의 문제가 중요합니다.

행인 1도 타고난 반항아가 아닌 이상 초면인 당신의 물음에 민감한 자기방어적인 반응을 보이는 것은 당연하기 때문이죠. 우리가 대사를 인지하여 연기하는 경우도 이 점을 간과할 수 없게 만드는 중요한 관점이 됩니다. 내 호흡을 행인 1에게 어떻게 던져줄 것인가. 내 호흡이 야기시킬 파장의 깊이는 상대에게 충분한 배려인가를 고민해야 합니다.

호흡은 성우의 언어가 예쁜 조화(造花)가 아니라 거친 생화(生花)임을 보여줍니다. 호흡을 통해 화자는 과거를 살아왔고 현재를 살아가며 미래를 살아갈 존재임을 나타내는 것이죠. 호흡은 성우연기의 윤활유이며, 화자가 결코 정적인 사진 속에 붙박혀 있지 않음을 증명합니다. 자연스럽게 일상으로 몸을 던지며, 그 안에서 거칠지 않게 놓아두며 부합케 합니다. 여기서 말하는 호흡은 복식호흡만을 의미하지 않습니다. 흉식을 통한 호흡이든 육체의 자극이 가해졌을 때 나오는 탄식이든 개의치 않습니다. 화자 본연의 내부 깊숙이 갈등 후의 호흡이면 충분히 허용될 수 있습니다. 호흡은 인간의 기본적 생존방식임에도 불구하고 성우연기를 할 때 자신의 호흡인 양 드러내기는 쉽지 않습니다. 적어도 거짓말을 하지 않으려면 지속적인 존재감을 놓치지 않는 긴장감을 유지해야 하기 때문입니다. 적절하게 호흡에게 도움을 주는 외부요소들은 적지 않습니다. 육체는 외부의 자극을 통해 민감하게 반응하며, 그것의 강도에 따라 제각각 독특한 결과를 대응시키게 됩니다. 즉, 성우연기에서의 호흡이라 함은 성우가 미리 설계해 놓은 가상의 감정 변이 안에서 국한되는 것이 아니라, 상대 성우의 호흡에 영향을 적극적으로 받는다는 것을 의미하기에 연기 내내 놓치지 않는 것을 의미합니다. 이렇듯 화자의 발화(action)는 늘 대상의 반응(reaction)으로 던져진 또 다른 반응에 대한 반응으로 형성되어야 합니다. 그 반복된 구조의 전체적 장을 '연기(act)'라고 칭할 수 있는데요, 이야기 내에서의 성우연기는 대상의 연결이 불가결이며, 이를 연결해 주는 고리는 호흡이라 할 수 있습니다.

움직이는 이미지

성우연기는 동적연기(dynamic act)를 지향합니다. 일반적으로 실제의 동선을 방해하는 마이크가 있다는 사실이 동선연기가 어려울 것이라는 짐작을 합니다. 물론, 사실적 연기를 위해 마이크를 무시하는 동선의 적용은 불가능합니다. 마이크의 온/오프는 보이지 않는 곳에서의 연기를 보여주는 중요한 부분입니다.

성우에게 동선이 배제된 연기가 가능할까요? 시선을 이야기할 때와 같은 화자의 표현 의지는 동선도 크게 다르지 않습니다. 이것은 내부계획에서 진행되는 화자의 동선 문제와 외부계획에서 진행되는 화자의 동선 문제가 함께 마련되어야 합니다. 화자는 고정된 채 대상의 동선을 설정하는 것도 가능합니다. 시선의 적용이 정신적이고 감성적인 문제와 같은 심리적 표현 형태를 드러내는 데 적합하다면, 동선의 적용은 육체적이고 감정적인 문제와 같이 몸의 반응 형태를 표현하는 데 부합됩니다.

동선을 계획할 때 단순 걸음걸이의 문제만을 고민한다면 엉성해집니다. 동선은 몸의 움직임을 전반적으로 다루는 것이며, 손동작, 앉고 일어서기, 몸을 틂, 신체 부위의 개별적 움직임 등 일상에서 사람이 하는 모든 형태의 움직임을 말합니다. 직접 움직이는 것을 비롯해 이미지 안에서 움직이는 것까지 포함합니다.

  화자의 움직임이 중심이 되는 경우, 동작호흡의 변화부터 감정호흡으로 이어져 화자의 세부 감정이 다채롭게 변화하게 도와줍니다. 대상의 움직임이 주가 되는 경우, 시선 변이로부터 감정호흡의 변화로 이어져 화자의 세부 감정에 영향을 미칩니다. 마이크 앞에서 가능하지 않은 동작이나 동선이 표현되는 발화는 이미 기억되어 있지 않거나 상상하지 않을 경우 관념적인 호흡으로 드러납니다.

이미테이션이 아닌 미메시스

> 어린이들을 보라.
> 그들은 장사꾼과 선생님만을 연기하는 게 아니라
> 풍차와 기차도 연기한다
> – 진중권

미학자 진중권은 그의 저서 『숭고와 시뮬라크르의 이중주』에서 '유년기의 인류는 자연을 그저 쓰고 버리는 도구로 간주하지 않았다. 말 못 하는 자연에서 언어적 본질을 보고, 그것과 평등하게 소통하며 미메시스를 했었다.'라고 전제하며, 미메시스의 개념을 한층 더 확장해서 "미메시스'란 철학에서 말하는 의식 속에서 대상의 '표상'이나 미학에서 말하는 화폭 위에서 대상의 '모방'이 아니다. 그것은 주위 환경에 맞춰 몸 색깔을 바꾸는 카멜레온과 같은 존재론적 닮기를 말한다'라고 말합니다.

성우연기는 외부로부터의 연기습득의 측면도 있지만 실질적으로 화자 내부로부터의 존재 발현에 가깝습니다. 성우가 되기 전 초기 훈련과정에서의 방식이 대체로 타인의 연기패턴을 모방하는 식으로 접근하지만, 그것은 과정에서 하나의 연습방식이며, 성우의 연기는 미메시스를 지향합니다. 누구나 '무엇인 척'보다는 '무엇인 상태'에 더 크게 열광하며, 그것은 목소리연기에서도 동일합니다. 그렇기에 '나무'를 연기할 때에 성우는 실제로 '나무 되기'를 시도하며, 미메시스적 결과물을 목소리로 담아냅니다. 나무로의 모방된 목소리는 기존에 생산되고 제작된 그 누군가의 연기를 모방하고 시도하는 것이 됩니다. 실제로 유사하게 반복되거나 익숙하다면 리얼리티가 아닙니다. 리얼리티의 본질은 '낯설게 하기'에 있습니다. 모방하는 것에서 익숙함을 갖추게 되어 궁극으로는 리얼리티로부터 멀어지게 됩니다. 진정한 리얼리티 연기는 기존에 들어본 적이 없는 낯섦을 청자에게 선사하며, 성우연기를 모방의 기능으로서가 아닌 창작의 예술로 인식하게 합니다.

파트리크 쥐스킨트의 소설 『향수』에서 어린 그루누이가 '나무'라는 낱말을 배우는 모습은 미메시스의 가장 이상적인 예가 아닐까 싶어 그 장면을 소개해 봅니다.

> 등을 창고 벽에 기댄 채 장작더미 위에 다리를 쭉 뻗고 앉은 그는 눈을 감은 채 꼼짝도 않고 있었다. 그는 보지도 듣지도 만지지도 않았다. 단지 아래로부터 퍼져 올라오다가 뚜껑에 덮인 것처럼 지붕 밑에 갇혀서

그를 감싸고 있는 나무 냄새를 맡을 뿐이었다. 냄새를 들이마시고 그 냄새에 빠져 자신의 가장 내밀한 땀구멍 깊숙한 곳까지 전부 나무 냄새로 가득 채운 그는 그 스스로가 나무가 되어버렸다. 그리고는 나무 인형, 피노키오가 된 것처럼 그 장작더미 위에 죽은 듯이 앉아 있었다. 그리고는 한참 뒤, 거의 30분이 지나서야 비로소 그 말을 내뱉었던 것이다.

'나무'.

제2부
성우는 텍스트를 어떻게 다루는가

제2부

성우는 텍스트를 어떻게 다루는가

의미전달능력

예술은 보이는 것을 재현하는 것이 아니라
보이지 않는 것을 보이게 하는 일이다

– 파울 클레

2016년 9월 전국 6,005개 초등학교 중 읽기학습 부진 학생이 없는 것으로 분류된 364개교 제외 5,641개 학교의 읽기학습 특성 검사 결과는 아래와 같다.

'읽기 곤란' 예상 학생 : 8,710명(0.33%)

난독증 의심 학생 : 9,608명(0.36%)

난독증 추정 학생 : 5,173명(0.19%)

▶ 총 23,000여 명(약 0.8%)

국회 교육문화체육관광위원회 의원이 교육부에서 제출받은 읽기학습 특성(난독증 선별) 검사 결과 초등학생 23,491명이 글을 읽기가 곤란하거나 난독증인 것으로 의심, 추정된다.

– 〈연합뉴스〉 2017년 10월 20일자 기사 중에서

요즘 사람들의 난독증 증가세는 나이에 상관없이 모든 층에서 나타나는 현상입니다. 서점에서 책들을 펼쳐 보면 점점 행간이 넓어지고 글자 크기도 예전의 책보다 커지고

있는 것을 발견하게 됩니다. 그야말로 현대인들은 난독증을 누구나 경험하며 살아갑니다. 이는 쏟아지는 미디어들의 영상을 통한 정보습득에 익숙해진 탓도 있지만, 결정적인 난독증의 원인은 읽기의 부재에 있습니다. 여기서 읽기란 '소리 내어 읽기'를 의미합니다. 원래 책을 읽는다는 행위는 눈으로 묵독하는 것이 아닌 소리 내어 읽는 것이었습니다. 옛 고대에는 회의장에 모여 학습을 할 때 구성원 하나가 감기에 걸리면 스터디를 하지 않았으며, 책을 눈으로만 보는 모습을 보고 귀신에 들렸다고 판단하기도 했다는 기록이 있습니다. 우리 선조들의 공부하는 모습도 서당에서 소리 내어 책을 읽는 것이었습니다. 그렇다면 성우의 읽기는 어떤 특징을 가지며 어떻게 표현하는지 살펴볼까요?

〈그림 1〉 - 카니자 삼각형

여러분은 〈그림 1〉에서 무엇이 보이나요? 3개의 팩맨도 보이지만, 그 사이에 정삼각형도 보이죠. 그렇다면 지금 보이는 삼각형은 존재하는 것일까요? 상상된 것이 마치 실제로 존재하는 듯한 착각마저 주는데 심지어 보이는 삼각형의 흰색은 주변보다 더 하얗게 보이기까지 합니다. 이탈리아 심리학자인 카니자가 개발한 '카니자 삼각형'은 인간의 심리 반응을 인식하는 방식을 보여주기 위해 만들었지만, 우리는 지금부터 '읽기'를 이해하는 도구로 사용해 보려고 합니다.

세 개의 팩맨에 이름을 붙여보겠습니다. 맨 위의 팩맨은 '속도(Tempo)', 왼쪽의 팩맨은 '톤(Tone)', 오른쪽의 팩맨은 '장력(Tension)'이라고 정합니다. 속도, 톤, 장력은 읽기의 중요한 요소입니다. 그렇다면 이 세 가지 요소의 균형을 통해 생성된 읽기는 마침내 완성된 이미지와 메시지로 카니자의 삼각형처럼 청자에게 전달됩니다. 그중 하나가 누락되거나 뒤틀리면 삼각형이 사라지듯 화자가 전달하고자 하는 이미지와 메시지는 사라지고 맙니다. 그러나, 고정된 팩맨의 크기가 없듯이 읽기는 정해진 속도, 톤, 장력을 가지지는 않습니다. 성우의 읽기는 팩맨의 움직임과 생성에 따른 속도, 톤, 장력의 균형을 놓치지 않는 것이 핵심입니다. 마치 마술사가 한 손으로 세 개의 공을 저글링하듯 리드미컬하게 다루는 것처럼 말이죠.

성우의 언어는 의미전달력과 감정전달력의 두 축으로 이뤄집니다. 성우는 말하기 이전에 읽기를 견고하게 마련하는 것으로부터 의미전달에 집중합니다. 온전히 목소리에 모든 이미지와 정보를 담아내야 하기에 성우에게 있어서 의미전달력을 최우선으로 여깁니다. 의미전달을 소홀히 하는 감정전달은 지양합니다.

성우의 언어가 특별한 이유도 읽기로부터 말하기로 이어지는 훈련과 실전에 있습니다. 읽기는 읽기에만 국한되는 것이 아니라 말하기에 직접적인 영향을 끼치기 때문이죠. 위에서 언급한 읽기의 3요소라고 할 수 있는 '속도, 톤, 장력'이 말하기에 어떻게 연결되는지 간단히 살펴볼까요?

읽기에서의 '속도'는 감정을 전달하는 데 있어서 여러 역할을 하게 되는데, 나이에 따른 정서를 표현하거나, 현재와 과거를 구분 짓게 하는 경우도 적용하게 됩니다. 예를 들어, 지금의 감정을 말하다가 예전의 기억을 더듬어 회상하는 장면에서 속도는 중요한 표현방식이 되는 거죠. 읽기의 속도를 자유롭게 다룰 수 있다면 말하기는 견고해질 수 있습니다. 천천히 읽어내는 것은 빠르게 읽는 것을 가능하게 하지만 그 역은 성립하지 않으니 읽기를 할 때에는 빨라지는 속도를 의식하며 읽어나가야 합니다.

읽기에서의 '톤'은 상업적인 목소리냐 아니냐를 결정짓는 요소입니다. 톤은 돈(money)이라는 우스개가 있을 정도로 상업적인 목소리로 쓰이려면 무엇보다도 톤의 안정성을 살펴야 합니다. 자신의 기본 톤을 찾고, 알고 있느냐가 관건이죠. 톤은 캐릭터(character)이자 장르(genre)입니다. 성우는 애니메이션의 경우가 아니라면, 목소리를 변형하기보다는 톤의 조절로서 캐릭터를 창조하며, 내레이션이나 스팟(spot)연기와 같이 장르 변화를 시도할 때에도 톤을 활용하죠. 자신의 톤을 찾는 방법으로 가장 평범하지만 효과적인 방법이 장시간 소리 내어 읽기입니다.

읽기에서의 '장력'은 읽기의 의미전달능력을 극대화하는 방법적 요소라고 할 수 있습니다. 끊어 읽기가 가장 대표적인 예인데요, 말하기의 긴장감을 유지하기 위해 읽기를 통해 발화의 장력을 훈련합니다. 끊어 읽기는 감각에 의존하는 것이 아닌 일관성을 유지해야 하며, 호흡과 연관성이 깊은 부분입니다. 또한, 성우가 발화하는 동안 드러나는 이미지와 이야기의 연속성(continuity)을 뒷받침하는 역할을 합니다.

일반인들이 말하기를 스피치 훈련을 통해 훈련하는 경우가 잦은데, 필자는 말하기 방식의 외연이 아닌 나만의 말하기를 지향한다면 획일화된 말하기훈련보다는 자신의 몸의 리듬을 살피며 활자를 내 목소리로 천천히 읽어가며 자신의 톤을 찾는 방식인 모닝레코드* 훈련이 효율적이라고 감히 권해 드리고 싶습니다. 이는 관념적이고 이론적인 주장이 아닌 수십 년간 실제로 적용해서 언어치료 및 면접화술개선, 성우연기로의 연결 결과로 그 효과를 입증한 바 있습니다. 말하기의 기본은 읽기입니다.

---

* 모닝레코드: 정기적으로 활자를 기교없이 읽으며 녹음하는 방식

대상의 존재감

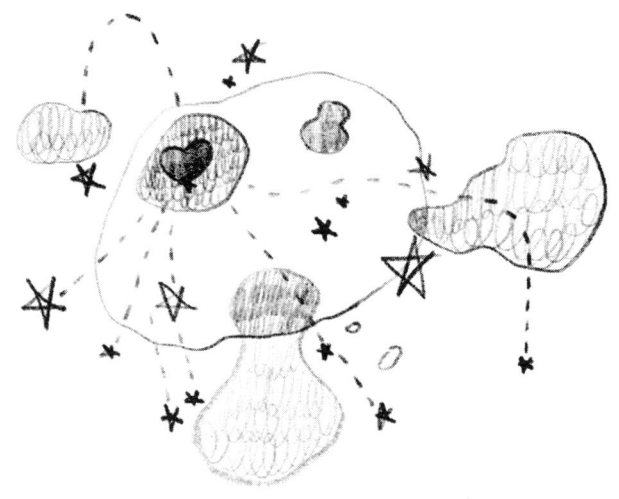

성우연기에만 존재하는 특성 중 하나는 화자로부터 발화되는 순간 대상이 드러난다는 점입니다. 성우가 텍스트를 보면서 화자의 캐릭터를 창조하여 이야기 내내 밀고 나가는 만큼 장면마다 등장하는 대상을 시의적절하게 인지하여 대응해야 합니다. 타 연기자들이 대상을 늘 '보여진 상태'로 인지하기에 화자의 입장만 밀고 나가면 되지만 성우는 자신 외에 대상도 존재케 해야 하죠. 여기서는 성우연기의 핵심이 되는 대상의 존재감에 대해 필요성과 대상을 구성하는 요소들, 대상을 활용한 응용연기를 통해 심층적으로 성우연기의 특징을 살펴봅니다.

우선, 대상을 드러내기 위한 구성요소는 무엇이 있을까요?
첫째로, 대상의 '수(number)'를 설정하는 일입니다. 이것은 매우 중요한데, 대상의 수에 따른 화자의 시선과 감정의 폭은 역동적인 차이를 보입니다. 필요에 따라 대상을 복수로 설정하여 단조로운 연기구조를 벗어나게 하는 역할도 가능하게 합니다. 물론, 1:1의 대사에서 형성되는 대상의 단수결정은 피할 수 없겠지만, 일반적인 장면에서 개연성의 여부를 따져 대상의 복수설정은 화자의 심리상태, 상황의 긴박감, 갈등구조를 견고하게 도와줍니다. 대상의 숫자 결정은 화자의 시선 처리를 뒷받침해줍니다. 그러니까, 입만 있었던 화자에게 눈을 달아주는 중요한 역할을 하는 거죠.

둘째로, 대상의 '배치(placement)'가 있습니다. 이는 화자와 대상의 위치를 분명하게 설정함으로써 공간의 입체감을 가능케 합니다. 평면적인 연기로부터 탈피해 입체적인 표현과 함께 원근감이 청자가 그리게 될 이미지에 투영됩니다. 라디오드라마에서의 성우는 항상 이미지 안에서 발화의 힘을 가지게 되는데, 이때의 이미지는 여러 형태의 카메라워크로 펼쳐지듯 동적 변화를 부추깁니다. 여기에 가장 의미 있게 반영되는 부분이 대상의 배치입니다. 대상의 배치는 대상의 움직임의 전제조건입니다. 화자의 움직임만을 생각하던 표현의 형태에서 더 나아가 대상의 움직임을 동시에 적용하게 됩니다. 대상이 배치되면 대상은 자세를 취하게 됩니다. 그리고 나서 주변의 공간을 활용하려고 호시탐탐 기회를 엿봅니다. 그 모습을 화자는 지켜보면서 때로는 불편해하고, 때로는 흥미로워하기도 하고, 때로는 화를 내기도 가능한 상태라고 느낍니다. 이렇듯 대상의 수를 설정한 후 바로 배치하는 기초적인 작업만 해도 화자의 감정은 살아 꿈틀대기 시작합니다.

대상의 존재를 비로소 느끼기 시작하면서 태동을 감지하고 대상과 결부된 사건의 실체를 대상의 존재를 통해 반응합니다. 어린아이의 우는 모습을 볼 때와 노파의 우는 모습을 볼 때의 반응이 동일하지 않은 것과 흡사한 이치입니다. 사건은 감정마저도 괴롭힙니다. 가끔 화자가 대상을 배치하지 않고 막연하게 대상의 존재를 느끼려는 경우가 있는데, 이런 경우 대상에 대한 초점이 흐려져 의도하지 않은 캐릭터로 변질되거나 대상이 사라졌다 나타났다를 반복하는 이미지로 재현되어 감정의 장력이 단락됩니다. 이는 청자로 하여금 극에 집중하는 것을 방해합니다.

대상의 수를 결정하고 배치가 이뤄진 다음 생각해야 할 대상의 세 번째 요소는 '관계(relationship)'입니다. 화자와 대상과의 관계는 현재 이뤄지는 연기를 비로소 '생활'이 묻어나게 하는 중요한 역할을 합니다. 이미 관계 속에서 화자와 대상이 공유하는 과거의 기억과 미래의 기대가 포함되어 있기 때문이죠. 대상으로부터 관계짓기를 그려 넣지 않고서는 결코 이야기는 한 걸음도 나아갈 수 없기에 극의 구조에서 대상과의 연결고리가 끊어질 수 있습니다. 관계는 화자가 연기 속에서 수많은 발화를 통해 드러낼 세부감정(sub emotion)의 개연성과 가능성으로 연결됩니다. 관계 여부는 서로 간의 단순 '알고 있음'을 넘어 호의적 혹은 적대적 여부까지도 계획해야 하며, 지나간 사건들에 대한 서로 간의 합의가 일차적으로 이뤄진 상태여야 합니다.

그것은 절대적 화자라 할 수 있는 제1 인물과 상대적 대상이라 칭할 수 있는 제2 인물의 개인적인 감정 변이와 더불어 조율된 사건을 통한 감정 변이를 폭넓게 형성하는 것을 도와줍니다. 이와 함께 고민할 입체적인 상황이 중요한데, 앞에서 언급한 단면적인 구조로 타자가 개입하지 않는 화자와 대상의 단일구조를 넘어 제3의 대상을 포함시킬 경우 더 복잡한 관계를 표현해야 합니다.

〈표 1〉

화자	{제3의 대상}	제1의 대상

〈표 1〉에서 화자와 대상 사이에 또 다른 대상이 있는 경우를 상상해 보세요. 그저 둘 사이에서 언급될 뿐 현재 같은 공간에 있지 않다고 가정하면, 화자와 제1의 대상과의 이야기 속에 중요하게 자리한 제3의 대상에 대한 관계를 간과하기 쉽습니다. 제1의 대상의 존재만을 고민한 채 이야기를 끌어다가 보면 오히려 감정과 사건의 주체인 제3의 대상을 잊고 감정을 단순한 형태로 중심 감정(main emotion)에 치중하여 발화하게 됩니다. 이때, 화자가 계획을 설정해야 하는 부분은 화자가 언급한 제3의 대상을 제1의 대상이 알고 있느냐의 여부를 설정해 두어야 합니다.

애초부터 제3의 대상의 존재를 제1의 대상이 모른다고 한다면, 화자의 감정은 알고 있는 경우와 현저하게 다른 결과를 초래하게 됩니다. 그만큼 화자의 과장이 있을 수도 있고, 거짓이나 음모가 있을 수도 있습니다. 그다음, 화자가 제3의 대상에 느끼는 감정이나 생각이 - 혹은 그 반대의 경우이거나 - 호의적이냐 적대적이냐의 여부는 화자가 제1의 대상에게 말하는 의도나 목적을 변화시킵니다.

모호하거나 계획되지 않은 제3의 대상에 대한 연기계획은 성우연기를 정형화시킬 수 있습니다. 리얼리티에서 크게 벗어난 관념적 연기로 이어집니다. 대상과의 관계를 준비하는 것은 성우연기의 가장 큰 축인 상상력과 연결되어 청자에게 전달될 이미지를 분명하게 만들어주며, 화자의 세부 감정들의 변이를 원활하게 하도록 윤활유 역할을 합니다. 마침내 성우의 사실적 연기를 이끌어 냅니다.

대상으로서의 사물

> 네가 보는 것을 그려
> 네가 본다고 생각하는 걸 그리지 말고
> – 카림 라시드

성우가 대상의 존재감을 표현할 때, 주로 사람에 대한 고민을 하게 됩니다. 대상을 사람으로 결정하여 연기한다는 것은 중요하거니와 대상의 수에 대한 결정, 상호 물리적 심리적 거리에 대한 문제, 관계에 대한 설정도 의미 있게 적용되는

요소로 작동합니다. 대상은 내가 발화하는 첫 번째 문장에서 가장 큰 의미부여자로서의 역할을 하기 때문입니다. 두 번째 문장의 처리에 있어서도 첫 번째 문장의 발화를 촉발시킨 자인 대상의 표정과 호흡의 영향을 받게 됩니다. 그래서 첫 번째 문장과 두 번째 문장의 연속적 세부감정의 무의식적인 동일성을 경계해야 사실적 연기로의 표현이 가능해지는 것이죠.

지금까지 성우가 대상의 존재감이라는 개념을 사람이라는 범위 내에서 이해되고 있음을 설명했는데요, 성우연기를 하다 보면 사람으로부터의 시선이 전부가 아님을 경험하게 됩니다. 회상의 장면이나 다른 생활적인 동작들, 버릇의 처리를 호흡에 담아 감정을 전달할 때가 좋은 예입니다. 대상이 사람일 경우 대상의 존재감 단절이 간혹 화자의 몰입실패로 이어질 수 있기에 대상을 사람에서 대체될 무언가를 마련해야 합니다. 이때 사물은 적절한 대체재가 됩니다. 일상 속에서 잊고 지내다가 사물이 있던 위치에서 부재/존재를 발견했을 때 지나간 과거의 기억이 떠올라 감정의 연결로 이어지는 것을 경험합니다. 이렇듯 사물도 성우연기에 감정을 불러일으키는 대상으로 역할을 하게 됩니다.

 대상을 당사자로 인지할 경우 대상으로서의 사람을 제3의 대상으로 대치하여 감정을 표출할 수 있지만, 익명의 대상으로 설정하면 이때의 성우연기에 있어서 대상은 사물에 집중됩니다. 사물이라는 대상 안에서 그 배치와 설정은 사람을 대상으로 설정할 때보다 풍부한 이야기를 불러오며 성우연기로 드러나는 이미지는 더욱 풍성해집니다. 사물을 대상으로 인지하는 경우 성우는 시선을 빈번하게 사용하게 됩니다. 시선의 빈도는 곧 세부감정의 세밀한 표현의 섬세함으로 이어지며, 사물과 사람이 하나의 공간 안에 공존하고 있음을 사실적으로 보여주는 중요한 역할을 합니다. 대상으로서 사람만을 고민한 성우연기는 마치 사진을 찍을 때 배경 없는 증명사진을 찍은 듯 부자연스럽게 들리기에 성우는 대상으로서 사물을 인식하며 연기함으로써 생활적인 연기를 가능하게 합니다.

중심 감정과 세부 감정

성우연기는 감정연기입니다. 중심 감정으로부터 결정된 감정의 흐름은 세부 감정으로 작은 갈래를 따라 흐릅니다. 굵은 줄기만을 따라가다 보면 연기의 결이 둔탁해짐을 느낍니다. 감정은 감흥을 끌어내는 데 주된 역할을 하며 이때 세부 감정마다의 홈이 있어야 에너지를 발생하게 합니다. 텍스트에서 중심 감정을 표면적으로 파악하지만 결코 그것만으로는 생기있는 표현이 어려워집니다. 연기 플랜으로 마련된 감정은 다양한 곡선을 이루며 본연의 말의 목적을 드러내야 하는데 세부 감정의 도움 없이는 평면적인 인물표현에 그치게 됩니다. 너무나 당연해서 언급하기를 기피했던 감정의 문제는 실상보다 심각한 오해로부터 생기는 오류를 낳습니다. 그러니까 연기를 섬세하게 혹은 강하게 표현하는 문제를 중심 감정에서 해결하려는 것이 가장 큰 오류입니다. 어쩌면 그 안에는 많은 함정과 역발상을 요구하는 텍스트의 이중성이 있기에 그런지도 모릅니다. 그리고 중심 감정만 견고하면 고착된 연기, 첫 번째 감정의 형태가 상황을 지나 - 대상의 자극을 받은 후에도 - 마지막 발화시 첫 번째 감정의 보존이 반복되는 문제가 생깁니다. 이야기의 나아감을 방해하기 때문에 위험합니다. 결코 이야기 상에서의 갈등 구조를 만들 수 없으며, 화자의 발화가 무의미해집니다. 예를 들면, $S_1+S_2+S_3+...+S_n$으로 구성된 화자의 텍스트는 세부 감정의 $SE_1+SE_2+SE_3+...+SE_n$으로 구성된 것으로 풀어 이해해야 합니다. $S_1 \neq S_2 \neq S_3 \neq ... \neq S_n$이듯이 $SE_1 \neq SE_2 \neq SE_3 \neq ... \neq SE_n$입니다. 하나의 문장은 하나의 세부 감정으로 독립됩니다. 중심 감정에만 사로잡힌 연기는 $SE_1 = SE_2 = SE_3 = ... = SE_n$로 드러납니다. 결국 $SE_1 = SE_n$이 되어 첫 번째 상황의 감정이 대상의 반응/자극 후의 갈등된 화자의 마지막 감정이 동일하다는 어처구니없는 표현이 나오고 맙니다. 그러므로 활자에 붙박혀 이해된 감정을 중심으로 한 연기는 세부 감정의 표현과정을 거친 후 돌보아야 합니다.

성우연기는 잘 정제된 감정연기입니다. 각각의 세부 감정으로 표현되는 문장들은 대상으로 던져지면서 나름의 독립적인 감정의 표정을 가지게 됩니다. 이것은 감정을 동적으로 작동하게 하는 원동력으로 사용되며, 유일한 캐릭터의 형성을 가능하게 합니다.

기억과 기대 사이 … 그 어디엔가

대상 쪽에 초점을 맞추면 리얼리즘적인 것이 되고
주관 쪽에 초점을 맞추면 낭만주의적인 것이 된다
– 가라타니 고진

용돈이 넉넉지 않았던 학창시절에 친구 생일이 오면 책을 공테이프에 녹음해서 선물하곤 했어요. 어딘가에 동일하게 존재하는 책보다 이 세상에 하나뿐인 오디오북을 준다

는 것은 묘한 흥분과 쾌감이 있었죠. 무엇보다도 세상에서 유일한 목소리로 담아 전하는 과정이 멋진 일이었어요. 그리고 나서 다시 듣게 된 테이프 속 목소리는 늘 낯설고 생경하죠. 목소리는 어쩌면 우리 신체 중에서 뒤통수를 닮았어요. 내가 소유한 것이지만 타인만 볼 수 있고 나 자신은 직접적으로 바라볼 수 없으니 말이에요. 이는 발화 당시 자신에게 들리는 소리는 입안에서 들어오는 소리와 밖에서 왜곡되어 들어오는 소리가 간섭해서 만들어진 소리라서 그렇습니다. 그러니 타인만이 제대로 들을 수 있지요. 이렇듯 자신만 온전하게 들을 수 없게 만들어진 목소리는 녹음해서 들었을 때에만 타인이 듣는 목소리와 같은 형태로 들어볼 수 있게 됩니다. 성우의 목소리는 이런 과정을 반복하며 훈련된 소리입니다. 자신의 목소리를 스스로 잘 아는 상태는 소리를 객관적으로 다룰 수 있게 해줍니다.

이 장에서는 성우는 소리를 통해 사실적인 연기를 만들어냄에 있어서 청자를 어떻게 활용하는지와 화자와 청자 사이에 어떤 일이 일어나는지를 살펴봅니다.

성우연기의 가장 큰 어려움은 단절된 일상의 순간을 표현함에 있어서 결코 과거와 미래로부터 동떨어진 감정만으로 표현하지 않는다는 점입니다. 이 점을 의식하지 않으면 섬과 같은 인물의 표류, 표적을 벗어난 감정의 비행으로 드러납니다. 성우가 연기를 설정한 후 발화하는 순간 그 내부에는 어떤 균열과 문제들이 일어날까요? 화자의 첫 번째 발화는 대상으로부터 마지막 발화가 던져주는 기대(expectation)에 의존하게 되는데, 이때 화자가 전달받은 '대상의 기대'는 그 즉시 '갈등의 단계'를 순간적으로 거친 후에 '화자의 기억'으로 변화됩니다.

〈표 2〉

| 대상(action) | → | 화자(conflict → [re]action) | → | 대상 |

화자의 마지막 발화는 대상에게 던져주는 화자의 기대가 되어 대상의 기억을 불러오게 하는 촉진제로 작용합니다. 〈표 2〉가 보여주는 일련의 반복이 이루어지면서 자칫 간과할 수 있는 '갈등의 단계'의 개입 여부는 실제의 발화보다

중요한 역할을 합니다. 좀 더 다뤄볼까요?

〈표 3〉

> 화자(action) ➜ 대상(발화된/발화되지 않은reaction) ➜ 화자(reaction)

〈표 2〉가 텍스트 외부에서부터 텍스트와 충돌하는 지점을 보여준다면, 〈표 3〉은 텍스트 내부에서만 일어나는 텍스트 외부의 문제를 포괄하고 있습니다. 그러니까 텍스트상의 1차적 고민은 사실 발화되는 순간에는 부차적인 문제로 미뤄지면서 대상의 발화를 고려한 2차적 계획에 대비해야 합니다. 이것은 성우연기의 현재성을 견고하게 하는 역할을 맡게 되는데, 이 역시 발화되는 시점의 현재성을 표현하는 동안에도 과거의 문제는 계속해서 화자의 연기 속에서 꿈틀거리고 화자의 마지막 발화로 달려가는 동안에도 미래의 기대감은 화자의 진행 중인 발화에 여전히 존재합니다. 생활이 묻어나는 성우연기의 비밀은 '대상의 기대'와 '화자의 기억'을 놓치지 않고 긴장감 있게 끌고 가는 데에 있습니다.

텍스트에서의 문장구조

개인적으로 슈베르트의 피아노 소나타를 좋아한다.
베토벤이나 모차르트의 곡에서는 찾아볼 수 없는
마음의 자유로운 흐트러짐 같은 것이 있다.
소리를 맨손으로 퍼 올리고 거기에서 내 나름대로의
음악적 정경을 마음가는대로 묘사할 수 있다.
말하자면 융통무애한 세계가 거기에 있는 것이다
– 무라카미 하루키

대사는 문장들로 구성되어 있습니다. 대부분의 성우연기는 감정연기이며, 문장들은 화자의 감정을 담아내는 적절한 도구가 됩니다. 성우연기를 표현해 내는 데 있어서, 간과하기 쉬운 점은 중심 감정만 고려하여 세부 감정의 표현을 놓친다는 것이죠. 이는 절대적 감정만이 존재한다는 결점과 화자가 대사처리를 통해 전후의 감정이 동일하다는 우를 범하게 됩니다.

한 여자가 대사처리 전 감정A의 상태였다가 대사처리 후 감정A'로 변했다고 해 볼까요? 대사B를 말하는 동안 화자는 여러 개의 문장(sentence)을 표현하게 되는데, 이 각각의 문장들은 각기 다른 세부 감정들을 드러내게 됩니다.

〈표 4〉

대사B = $S_1+S_2+S_3+\cdots\cdots+S_n$
감정A → $SE_1+SE_2+SE_3+\cdots+SE_n$ → 감정A'

감정A에서 감정A'로의 전이는 갑작스레 진행되는 것이

아니며, 각각의 세부 감정들이 자연스럽게 개연성 있는 전이가 꾸준히 일어나야 하는 것이죠. 자칫 이러한 도식의 예를 통해, 한정적 연기의 패턴을 우려할 수도 있습니다. 왜냐하면, 언어와 같은 이산조합체계에서 유한한 감정의 수치가 이를 불안하게 하는데, DNA의 유전코드에 빗대어 가능성을 엿볼 수 있을 거에요. 4종류의 뉴클레오티드가 64종류의 코돈(유전정보의 최소단위)으로 조합되고, 이 코돈들은 무한한 수의 각기 다른 유전자로 배열된다는 사실입니다. 소수의 세부 감정들이 무한한 감정 상태를 형성 가능케 한다는 점도 이와 유사합니다. 그러한 역동적 시도는 무엇을 기대하게 할까요?

〈표 5〉

대사B = $S_1+S_2+S_3+\cdots\cdots+S_n$ (S_1, S_3이 긴 문장일 경우)
감정A → {SE_1+SE_1'}+SE_2+{SE_3+SE_3'}$\cdots$+S_n → 감정A'

우선, 정적인 연기에서 벗어나 동적인 연기로의 발전적 연기패턴을 표현할 수 있습니다. 이는 상당히 중요한 점인

데, 움직임이 상상되는 연기는 '살아있는 연기'이자 '생활이 드러나는 연기'이기 때문입니다. 각각의 세부 감정이 마치 살아있는 인체의 유연한 관절 역할을 하여 움직임을 자연스럽게 도와주며, 감정A에서 감정A'로 가는 데 있어서 교량 역할을 하게 되죠. 또한, 세부 감정의 충분한 고민과 적용은 대사B가 하나의 요리라고 가정할 때, 각각의 세부 감정들은 갖은양념과 음식 재료가 되어 맛의 깊이를 풍부하게 하는 것입니다. 이제 기본유형에서 벗어나 응용유형의 적용을 살펴보겠습니다. 〈표 5〉에서와 같이 대사 내에서의 긴 문장을 처리해야 하는 경우, 하나의 세부 감정에서 기인하지만, 단조로운 처리로 감정의 장력을 훼손할 우려가 있습니다. 이때 하나의 세부 감정들은 시선 처리와 완급조절의 적용을 통해 분절 가능해집니다.

〈표 6〉

대사B = $S_1+S_2+S_3+\cdots\cdots+S_n$ (S_1에서 감정의 관성이 발생한 경우)
감정A → {$SE_1+SE_1'(SE_2)$}+$SE_2+SE_3+\cdots+S_n$ → 감정A'

〈표 6〉에서 보는 바와 같이, 대사 내에서 하나의 문장을 넘어 다음 문장까지 감정을 몰아가야 하는 경우, 감정의 관성이 다음 문장까지 치닫게 되는 경우가 그러한데, 이때는 세부 감정의 단위를 확장시키게 됩니다. 그 세부 감정의 확장 부분이 끝나는 부분에서 다음 세부 감정으로 옮기기 전 충분한 호흡과 사이(pause)를 확보해야 합니다. 이 행위는 전자의 경우들과 다양하게 접목하면서 진행되는데, 이 와중에 마련된 어떠한 리듬이나 분위기가 어미에 가 닿으면서 하나의 독창적인 캐릭터로 형성하는 데 결정적인 요인이 됩니다. 순조롭게 진행된 발화는 이러한 규칙을 초월해 청자에게 전달되는데, 이때에도 기본적인 발화는 위의 경우를 내포합니다. 바둑의 습득이 1단계 '정석을 익힌다'에서 2단계인 '정석을 잊는다'로 옮겨가듯 성우연기의 발화는 위의 기본 문장 내 발화 형태를 습득 후 자유로운 발화 형태로 발전가능하게 됩니다. 성우연기는 기본적 규칙에 갇히는 것도 염려하지만 기본을 간과하고 자유롭게 발화하는 것도 경계합니다.

HOW가 아닌 WHY

색에 덜 집착할수록
색은 더 아름다워진다
- 존 러스킨

성우는 대본을 어떻게 분석할까요? 대부분의 청자들은 성우연기가 어떠한 소리로 발화된 상태를 감상하기에 무언가 기술적인 전략을 통해 정확한 소리를 연기해낸다고 생각하기 쉽습니다. 물론 그러한 준비가 전혀 없는 것은 아니지만 절대적인 고민은 다른 부분에 있습니다. 성우가 대본을 분석할 때 '어떻게 연기할 것인가'라는 질문에 대한 결과물로 청자에게 선보이게 됩니다. 이것을 틀리는가 옳은가의 문제로 판단할 것이 아니라 과연 이러한 연기가 가져다주는 효과가 이상적인 형태로 청자에게 전달되느냐를 살펴보는 것이 중요합니다.

성우연기는 단 하나의 연기를 지양합니다. 수많은 가능성을 열어 보이고 유연한 상태로부터 시작되기를 원합니다. 왜냐하면 성우의 목소리는 자신이 가진 단 하나의 목소리뿐이기 때문입니다. 그렇다면 성우연기는 하나의 목소리에서 수많은 연기로의 가능성을 열어줄 수 있어야 합니다. 그것을 위한 유일한 방법은 발화자인 성우의 태도에 있습니다. 성우는 '왜 이 연기를 하는가'의 질문을 대본을 분석하면서 스스로에게 수시로 던집니다.

'왜(why)'라는 질문은 이야기를 탄생시키고 확장시킵니다. 이야기의 터전에서 성우의 목소리를 단 하나의 목소리에서 천 가지의 꽃으로 피어나게 합니다. '왜'라는 물음으로부터 대사는 대사 이전의 상태를 가져올 수밖에 없는 요구에 봉착하며 이에 응할 수 없는 역동적인 의지의 상태로 바뀝니다. 그로부터 세부계획(second plan)이 만들어지고 성우의 발화로부터 마련된 대사가 아닌 상상된 화자의 발화로 자연스럽게 치환되는 극적 효과를 기대할 수 있게 됩니다. 시작을 위한 제약은 활로의 단조로움을 드러내지만, 마지막을 위한 수용은 풍부한 가능성을 생산합니다.

늘 우리는 어떤 문제에 봉착했을 때, '어떻게(how)'라는 물음을 '왜'라는 물음보다 앞서 던집니다. 막막하고 막연한 상태에서 본능적으로 어떠한 기준을 스스로 설정해야 한다는 불안감이 자리하기 때문이죠. 예술로서의 성우연기는 더욱 그렇습니다. '어떻게'에 충실하게 응답하는 연기도 잘못된 연기는 아니지만, 자칫 '적확한 연기'로 가 닿아야 할 성우연기가 '정답의 연기'를 지향하는 방향으로 고착될 수 있습니다. 정답의 연기는 텍스트와 성우연기가 1:1로 대응되는 기술지향적 연기라면, 적확한 연기는 텍스트와 성우연기가 1:∞로 연결되어 예술지향적 연기라고 할 수 있습니다. 성우를 천의 목소리라고 부르는 것도 성우가 천 가지 목소리를 가지고 있어서가 아니라, 이렇듯 예술지향적 언어로 듣는 이로 하여금 천 가지의 느낌을 갖도록 하기 때문입니다.

캐릭터의 설계도

라디오드라마에서 연기하는 화자는 캐릭터를 가집니다. 심지어 극 중 내레이션의 경우도 1인칭 시점일 경우에도 캐릭터를 지닙니다. 이때에는 내레이션 연기라고 부릅니다. 극 중 캐릭터는 감정전달이 주를 이루는데, 전달되는 감정을 화자로부터 청자에게 사실적인 감정의 표현과 함께 언젠가 느꼈을 청자의 감정에 기대해 해주어야 합니다. 여기에서 공감을 통해 감흥으로 이어집니다. 화자의 발화가 격렬하다 하더라도 청자의 납득을 끌어내지 못하면 공허한 감정전달에 그치게 됩니다. 성우는 활자로 붙박힌 감정을 발화를 통해 살아있는 생활적 언어로서 살려내 청자에게 전달하며 감흥의 공감대를 형성하여 이야기를 소비하게 하는 것이 라디오드라마연기의 목적입니다. 여기에서 성우는 청자와 공감대를 형성해야 하는데, 가장 중요한 도구가 호흡입니다. 그렇다면 호흡은 어떤 준비들로 마련되는 걸까요?

호흡은 화자의 감정이 절대적입니다. 화자의 감정적인 상태에 따라 같은 텍스트라 하더라도 각기 다르게 발화됩니다. '안녕하세요?'라는 말을 화자가 발화할 때, 사랑하는 감정을 지닌 상태와 존경하는 마음을 가진 상태, 두려운 감정 상태가 동일하게 발화되지 않습니다. 나아가 화자의 감정은 대상과의 관계성으로 자연스럽게 연결되어 대상과 사랑하거나 존경하게 된, 혹은 두렵게 된 과거의 기억이 대상을 통해 반영되어 화자의 호흡을 지배하게 됩니다. 또한, 대상의 수, 거리감, 배치 등은 관계만큼이나 긴밀하게 화자의 발화를 간섭합니다. 화자의 몸 상태를 결정짓는 공간과 시간이 호흡에 의미 있게 관여합니다. 화자의 발화는 화자의 존재와 더불어 공간과 시간 안에 존재하며, 시공간을 염두하지 않은 사실적인 성우연기는 존재할 수 없습니다.

공간은 동선을 가능케 할 여지를 제공하여 정적인 발화로부터 동적인 발화로 옮겨갈 것을 수시로 요구하고 압박합니다. 거부한다면 화자의 발화가 갈등의 구조를 형성하기 힘들게 되고 화자의 발화로부터 자극된 대상의 재발화가 힘을 잃기 때문입니다. 화자의 발화는 일시적 발화에 그쳐서는 안 되기에 공간을 드러내는 것은 당연한 요구가 됩니다. 이렇듯 화자가 캐릭터를 형성하여 발화하는 순간 의미전달력과 함께 감정전달력의 동시다발적인 표현 의지는 탄력을 받으며, 그 안에서의 호흡은 화자 스스로의 문제뿐만 아니라 대상과 결탁된 문제로 확장됩니다. 화자와 대상을 둘러싸고 있는 공간의 고민 없이는 호흡의 진정성은 관념적이거나 기술적인 표현의 한계에 부딪히게 됩니다.

 호흡은 리얼리티를 위한 레시피입니다. 충분한 캐릭터의 외형적인 고민으로부터 시작하는 메뉴 선정과 캐릭터의 내부적인 감정들을 재료로 준비한 후 대상의 연결에 따른 여러 가지 향신료와 버무려 공간이라는 그릇에 담아내는 일련의 요리를 위한 안내서이자 매뉴얼입니다. 복합적인 방법의 적용은 피에로의 요술(juggling)같이 혼란스럽습니다. 하지만, 화자의 인물에 대한 계획이나 화자의 대상에 대한 계획, 상황이 마련된 공간의 계획과 같은 일차적인 시도로부터 두 가지 이상의 화음을 시도한다면 극 중 연기를 통해 감정표현이 리얼리티와 만나는 것은 쉽습니다.

 여행자에게 지도가 꿈의 여정을 가지듯, 목수에게 설계도가 완성의 건물을 품고 있듯, 성우에게 있어서 호흡은 그가 보여줄 매력적인 캐릭터의 체온을 느끼게 할 혈액으로 존재합니다.

장소와 공간감

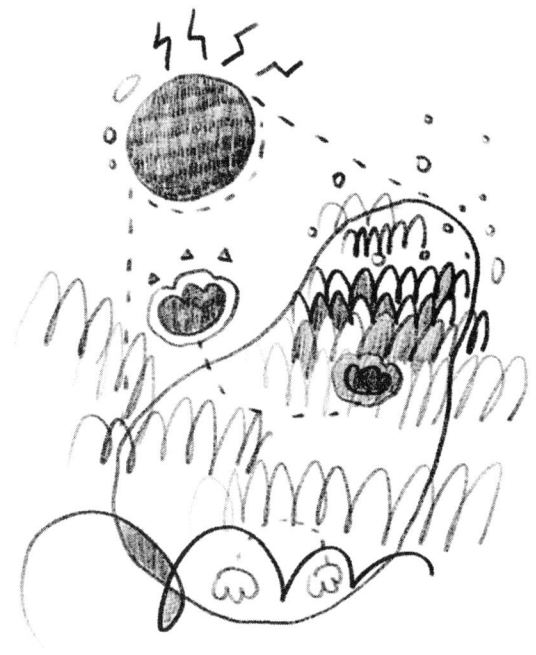

성우는 단지 목소리만으로 공간감의 사실적인 구현을 합니다. 인간은 시간과 공간으로부터 벗어나 존재할 수 없기에 특히 말은 더욱 시공간의 영향의 지배를 받습니다. 그렇기에 성우연기는 온전하게 목소리 자체에 시공간을 담고 있습니다. 시간보다 민감한 이 공간감은 '공간(space)'이 아닌 '장소(place)'를 말합니다. '막연한 곳'이 아니라 '분명한 곳'입니다. 이-푸 투안(Yi-Fu Tuan)이 말했듯이 물리적인 공간에 인간의 경험과 가치, 기억을 더하게 되면 비로소 개념적인 장소가 되기 때문입니다. 더 나아가 이야기를 품고 있는 공간이 장소가 되는 셈이죠. 성우는 물리적인 공간보다 기억의 장소에서 공간감을 감지하고 창조하며 연기합니다.

성우는 장소설정능력과 장소구현능력을 통해 감정의 연결을 도모합니다. 길에서 고백하는 장면과 찻집에서 고백하는 장면에서의 감정이 결코 동일할 수 없기에 장소에 민감하게 발화합니다. 이때 동선과 시선에 따라 호흡도 결정하게 되는 거죠. 성우가 공간감*을 살려 표현한다는 것은 관념적 이미지구현에 집중하는 것이 아니라 내부에 있는 대상과 사물의 배치, 거리설정 등 마치 연극의

---

* 장소감이 적절한 표현이지만, 공간의 범주가 장소를 포함하기에 단순 물리적인 공간에서의 성우연기도 포함하고자 '공간감'으로 부르기로 한다.

무대장치와 같은 구성 후 연기한다는 것을 전제합니다. 그것의 성사 여부는 성우의 호흡이 드러내 보여줍니다. 성우의 공간감과 원근의 표현이 어려운 탓은 시선이 지속적으로 텍스트와 연결되어 있기 때문에, 제1의 시선*과 제2의 시선**이 성우연기를 돕습니다. 성우연기에서 공간감의 이해는 감정표현만큼이나 중요하고 필수적입니다. 피사체의 거리를 잘 조정해야 좋은 사진을 찍을 수 있듯이 성우연기에서 공간감을 통한 거리를 정확히 인지한다는 것은 청자에게 정확한 이미지를 전달하는 것으로 자연스럽게 이어집니다. 결국 이러한 이미지의 견고한 구현으로부터 감정이 안전하게 청자에게 전달됩니다.

성우연기에서의 공간감은 시공간감을 내포합니다. 시간 또한 말하기에 절대적인 영향을 미칩니다. 오전과 밤 두 시간대에 택시를 거리에서 잡는 목소리를 녹음해서 들어본다면 확연하게 다름을 알 수 있는데, 이는 시간에 따

---

* 제1의 시선 – 텍스트를 보는 시선
** 제2의 시선 – 이미지 안에서의 시선

른 몸의 상태나 심리 상태가 결코 같을 수 없음을 반증합니다. 또한, 라디오 진행자의 시간대에 따른 목소리 차이는 우리가 시간에 민감한 존재라는 것도 의미하는 거죠. 그렇기에 성우는 비록 시간의 경계가 불분명한 녹음 부스에서 공연한 연기라도 사실감 있게 전달되는 것은 공간과 함께 시간을 의도적으로 의식해 발화한 탓입니다. 자연스러움은 평소와 같은 환경을 그대로 느낄 때 가능한 일이지요. 말하기도 동일합니다. 성우연기의 사실적 표현의 비밀은 누구나 당연하다고 등한시할 시간과 공간을 놓치지 않고 목소리에 담아 청자에게 전달할 수 있는 능력에 있습니다.

아름다운 긴장

우리말에는 장단음이 들어가 있습니다. 가까운 일본에서는 성우를 '声優(せいゆう : 세이유우)'라고 쓰고, '세에유우'라고 읽는데, 가운데 '이'자가 장음의 역할을 하지만 글자 자체의 장음은 없습니다. 그러나 우리말은 굉장히 과학적입니다. '닮다'는 서로 생김새가 비슷하다라고 하는 형용사

인데요. 용언이라고도 하죠. 이 단어는 장음이에요. 사전을 찾아보면[담:따]라고 나와 있을 거예요. '장음'이라고 하면 내리는 눈[눈:]이냐 사람 눈[눈]이냐를 구분할 때 쓰는 거라고만 생각해요. '엄마, 눈이 내려요'라고 하면, '얘야, 어떻게 사람 눈이 내리니?'라고 하진 않아요. 장단음을 지켜 말하지 않았다고 해서 의사소통이 어려워지는 건 아닐 거에요. 말할 때 앞뒤 맥락을 살펴 이해하기 때문이죠. 그래서 장단음의 존재가치를 쉽게 간과하는지도 몰라요. 하지만 장음의 필요는 다른 곳에 있어요. 앞에서 '닮다'는 장음이라고 했어요. 그런데 고정된 장음이 아니라는 것이 중요해요. 용언의 변화가 시작되면 닮으니[달므니] 닮아서[달마서]라고 연음해서 읽어요. 이때에는 장음이 아니라 단음으로 읽어야 해요. 선조들의 지혜가 이곳에 담겨있어요. 모음이 윤활유 역할을 해서 읽을 때 굳이 장음을 할 필요가 없었던 거죠. 음가(音價) 없는 이응[ㅇ]이 붙어오니 굳이 [달:므니]라고 하지 않아도 발음이 잘 되었던 거죠.

겹쳐지는 단어들의 뜻을 구분하기 위한 것으로만 장음

이 존재한다면 여러 가지의 뜻을 지닌 '배'라는 단어는 어떻게 장단음으로 구분할까요. 사람 배, 타는 배, 먹는 배. 몇 배 할 때의 배. 그럼 이런 단어는 어떻게 구분할까요? 더 길게? 더 짧게? 아니죠. 여기서 장음은 몇 배 할 때의 '배'만 장음이고 나머지는 모두 단음으로 발음해요. 의미를 구분하기 위해 장단음이 존재한다는 이해는 의미가 없어요. 결국 장단음은 소리 내어 발음할 때에만 그 의미를 가지게 되는 거죠. 성우의 목소리가 더 특별하게 들리는 이유가 여기에 있습니다.

목소리를 '육성(肉聲)'이라고 합니다. 목소리는 몸으로부터 나오는 소리이기에 '몸소리'이기도 하죠. 손으로 직접 쓴 글씨를 '육필(肉筆)'이라고 하는데, 육성과 함께 온몸으로 밀고 나가야 가능합니다. 이렇듯 목소리는 마음에 못지않게 몸의 지배를 받습니다. 건강한 몸에서 좋은 목소리가 나옵니다. 적절한 몸의 긴장에서 매력적인 목소리가 나오는 거죠. 그래서 성우는 그 알맞은 긴장을 담아내기 위해 템포, 톤과 함께 장력을 고민합니다. 그 장력은 대체로 읽을 때 끊어 읽기를 통해 극명하게 나타납니다.

성우는 텍스트 해석을 통해 의미전달과 더불어 감정전달에 필요한 계획을 세웁니다. 우선 의미전달을 위한 기본적인 요소가 있는데, 템포, 톤과 함께 장력이 있습니다. 성우가 의미전달력에 신중한 것은 텍스트를 고스란히 소리로 옮기는 것에 만족하는 것이 아니라, 청자를 배려하는 읽기를 수행하느냐를 고려하기 때문입니다. 대체로 텍스트 상의 띄어쓰기가 이를 읽어낼 때 성우에게 정확한 악보로 역할하기보다 오히려 스케치에 불과하기에 성우의 읽기 역량은 중요한 부분이 됩니다.

기본적으로 띄어 쓰기의 형태는 끊어 읽기와 일치하지 않습니다. 텍스트의 외양만으로 성우는 읽기의 설계가 완성된 것은 아니며, 성우의 주관적이고 일관성 있는 읽기를 통해 붙박힌 활자가 이미지로 생동감 있게 전환됩니다. 간단한 예를 들자면, '그 사람이 이 사람이냐?'라는 문장을 성우가 읽을 때에는 이, 그, 저 와 같은 지시형용사일 경우 띄어 쓰되 붙여 읽습니다. 또한, 장단음의 변화도 유의해서 읽습니다. 사람은 [사:람]으로 장음이지만 위와 같은 경우 단음화됩니다. '이', '그', '저'와 같이 지시형용사가 붙어 마치 읽을 때엔 [이사람][그사람]으로 한 단어로 순간 형성되어 – 장음은 첫음에서만 소리낸다는 표준발음법의 원칙에 따라 – 붙여읽고 단음으로 읽습니다.

장력은 이미지의 나열을 순조롭게 배열하였는가의 문제도 결정짓습니다. 장력이 불안하면 청자에게 재현된 이미지는 온전할 수 없습니다. 성우는 텍스트를 발화를 통해 이미지로 형상화시킵니다. 그래서 성우는 적절한 긴장의 정도를 발화시 담아냅니다. 장력은 호흡의 상태를 보여줍니다. 호흡과 발성의 부재는 장력을 무너뜨립니다. 결코 흉식이나 생목소리는 장력을 느슨하게 하거나 허약하게 유지시켜 이미지를 왜곡시켜 전사하거나 장단 고저를 통한 의미전달력을 통한 장력의 여부도 불투명하게 합니다. 장력의 견고함은 안정된 읽기와 호흡으로 가능해집니다.

장력은 성우의 연기를 생동감 있게 밀고 나가도록 도와줍니다. 물론, 힘은 볼륨이 아니라 완급과 끊어 읽기의 일관성으로 형성된 호흡으로 지지를 받습니다. 주로 성우연기가 매력적으로 느껴지는 것은 장력의 일관성과 견고하면서도 유연한 형태를 통해 전달되는 소리의 안정감에서 옵니다. 성우는 기본적인 호흡과 발성의 기본기와 함께 이미지를 뿌려줄 수 있느냐의 여부, 핵심어와 비핵심어의 **구분능력**(내용인지능력)을 보여줍니다. 성우의 완성된 연기에는 아름다운 긴장이 존재합니다. 이는 무엇보다도 성우연기의 예술적 긴장은 일상적인 것을 익숙한 것으로 표현하지 않는 태도와 반복을 늘 새롭게 인식하려는 의지에서 마련되는 까닭입니다.

제3부

성우의 언어는
어디까지 꿈꾸는가

제3부

성우의 언어는 어디까지 꿈꾸는가

사실적 연기, 진실의 언어

> 선이나 악은 없다
> 다만 생각이 그렇게 만들 뿐이다
> – 셰익스피어, 『햄릿』 중에서

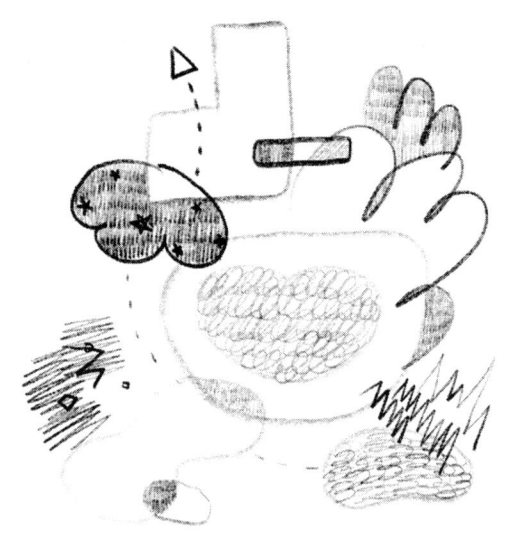

우산을 파는 아들을 둔 어머니가 있습니다. 그녀는 날마다 아들을 위해 기도를 합니다. 매일 비가 내리게 해달라고 말이죠. 왜일까요? 그래야 아들의 우산이 많이 팔릴 테니까요. 사실적 언어는 여기까지입니다. 과연 어머니의 바람은 아들에게 현실적으로 도움이 될까요? 아이러니하게도 그렇지 않을 수도 있습니다. 비가 끊이지 않고 매일 내린다면 사람들은 가끔씩 내릴 때보다 우산을 곁에 두기를 잊지 않을 것이고 잃어버리지도 않을 거예요. 우산은 잃어버리거나 갑자기 내린 비를 피하기 위해 구입하는 경우가 많으니까요. 여기까지가 진실의 언어에 해당됩니다.

성우의 언어는 사실적 연기에 기반을 두지만 진실의 언어를 추구합니다. 사실적 연기가 표면적인 부분에 해당한다면 진실의 언어는 더 깊이 들어가 본질을 들여다봅니다. 어떠한 결과만을 다루는 것이 사실적인 부분이라면 전체를 관통하는 과정을 다루는 것이 진실의 언어입니다. 사실적 언어는 하나로 수렴되지만, 진실의 언어는 무수한 가능성을 열어 줍니다. 또 다른 에피소드를 예로 든다면,

사실적 언어는 어쩌면 관념의 언어일지도 모릅니다.

피카소가 기차여행 도중에 어떤 남자와 마주칩니다. 그 남자는 피카소를 보자마자 반갑게 인사를 건네지만 이내 불편한 심기를 드러냅니다. "왜 당신의 그림은 사실적이지 않은가요?" 이에 피카소는 "무엇이 사실적이란 말인가요?" 남자는 자신의 안주머니에서 아내의 사진을 꺼내 보이며 의기양양하게 이렇게 말합니다. "이 사진처럼 그려야 사실적이지 않소!" 피카소는 그 사진을 보며 나지막이 말합니다. "당신의 아내는 납작하군요!" 피카소의 초기 작품들은 사실적이었지만 대부분 사람들은 그때의 그림들을 기억하지 못합니다. 왜 그는 인생 말기에 큐비즘에 천착했을까요? 진실은 똑같이 그려내는 것에 있지 않기 때문입니다. 이렇듯 성우의 언어는 모사나 사진처럼 본래의 인물과 동일하게 말하는 것에 지향점을 두지 않습니다.

성우의 언어는 그 표현에 있어서 팔색조와 같아 자칫 인위적이며 작위적인 언어라고 오해하기 쉽습니다. 성우는 기본적으로 발화함에 있어서 일차적으로 캐릭터의 정보를 취합하고 분석하여 적용하는 사실적인 표현의 단계를 거칩니다. 인물 형성의 단계로 대체 보편적이고 객관적인 형태를 갖추고 그 목소리 또한 일반적입니다. 다음 단계에서는 진실의 언어로 가기 위해 한 걸음 더 깊이 들어가 인물을 그려봅니다. 처지, 입장, 상황의 이면 등 상상의 확장된 영역을 목소리에 재현해 나갑니다. 이 과정에서 개성의 목소리를 발견하거나 창조해 냅니다. 성우의 언어는 '마땅히 그런 거지'라는 당위에서 '와우! 그럴 수도 있겠네!'의 감탄으로 청자를 느끼게 합니다. 성우의 언어는 점과 같은 자료(data)의 합으로 만들어낸 언어가 아니라 연속적인 선과 같은 정보(information)의 합으로 만들어진 언어입니다.

감정보다 감성

리얼리즘의 본질은 낯설게 하기에 있다
- 쉬클로프스키

 전철과 비슷한 교통수단인 트램(tram)에서 표를 받는 20대로 보이는 여자가 있어요. 어느 날 10대인 남자아이가 길을 가다가 우연히 그녀의 도움을 받게 되면서 둘은 사랑에

빠집니다. 여자는 남자아이를 만날 때마다 책을 소리 내어 읽어달라고 하는데, 여자는 그에게 이렇게 말합니다.

"넌 대단한 재주를 가지고 있구나!"

베른하르트 슐링크의 소설 『더 리더 - 책 읽어주는 남자』 도입부에 나오는 장면입니다. 여자는 글을 읽을 줄 몰랐던 거에요. 남자아이는 그녀를 위해 유명한 책들을 읽어줍니다. 안톤 체호프의 『개를 데리고 다니는 여인』, 호메로스의 『오딧세이아』, 귀스타브 플로베르의 『보봐리 부인』 등 다양한 책들 속의 수많은 캐릭터들을 읽기를 통해 보여줘요. 그녀로 하여금 상상하게 하고 간접적으로 경험하게 하죠. 그야말로 책읽기가 누군가의 인생을 뒤흔들어 놓은 거죠. 그는 과연 책읽기를 통해 무엇을 그녀에게 선사한 걸까요? 감정일까요? 감성일까요?

다음은 성우가 겉으로 드러낸 감정이 어디에 기인하는지 함께 살펴봅니다.

우선, 두 단어의 사전적 의미로 구분해 보자면,

■ 감정(感情)

명사1: 어떤 현상이나 일에 대하여 일어나는 마음이나 느끼는 기분

■ 감성(感性)

명사1: 자극이나 자극의 변화를 느끼는 성질

　　 2: 이성에 대응되는 개념, 외계의 대상을 오관으로 감각하고 지각하여 표상을 형성하는 인간의 인식능력

위의 정의를 바탕으로 비교해보면, '감정'은 일시적인 것임에 반해 '감성'은 지속적인 면을 보입니다. 감정에는 이미지(표상)가 나타나지 않지만 감성은 이미지를 형성하려는 의지가 포함되어 있습니다. 감정은 자신의 문제에 충실하여 대상이 소홀해질 수 있지만, 감성은 대상이 부각되어 표현합니다. 감정은 기분으로 마무리되는 원초적인 본능에 의존하지만 감성은 능력으로 귀결되는 후천적 단련의 여지를 열어 놓습니다.

감정은 이성의 개입을 철저하게 막아서지만 감성은 이성과 대응되나 조합하여 작동합니다. 감정은 과정을 거쳐 형성된 결과로 표출된 형태로 보는 이로 하여금 규정을 용이하게 하지만, 감성은 과정의 변이를 종합하여 표출된 형태가 대상으로 하여금 규정조차 유보하게 합니다. 결국 감정을 통해 던져진 화자의 모든 발화형식과 내용은 감성의 필터를 거쳐서 나오는데, 이것의 작동 유무는 성우연기의 질적 차이를 절대적으로 결정합니다.

성우연기는 희로애락의 감정표현이 주가 되는 텍스트를 통해 성우는 오직 그것, 감정만을 고민하는 것을 경계합니다. 불꽃놀이의 마지막 폭발이 오로지 폭발 순간에 일어나는 아름다움에 대한 고민만으로 이뤄지는 것이라는 섣부른 추측과 같습니다. 혹은 폭발은 애초에 그렇게 제조된 것이라고 생각하지만 사실은 불꽃의 타상연화의 제조법과 시행되는 시간대에 따라 – 주간이면 색조연기와 소리를, 야간이면 색화제*에 대한 준비하는 식의 – 표현양

---

* 불꽃의 색을 결정하는 데 쓰이는 것으로 바륨을 넣으면 녹색 불꽃이 나타나고,

식을 달리하는 프로그래밍이 정교하지 않아서는 어느 가을날 아름답게 밤하늘을 수놓는 불꽃을 제대로 만끽할 수 없는 거죠. 감정으로 마지막 불꽃의 모양을 청자에게 제공하지만, 그것을 감정으로 드러나게 하는 감성의 여과기를 거치지 않고서는 호흡의 질적 저하와 함께 감정의 공감대 형성을 가로막게 됩니다.

감정은 흉내낼 수 있기에 자칫 성우연기의 그럴듯한 노련함의 형태를 모사의 방법을 통해 구사할 수 있습니다. 이때 자신의 감정을 놓치거나 자신의 감정인양 발화할 수 있습니다. 하지만 감성은 모방의 대상이 될 수 없기에 독창적 연기를 보장합니다. 성우가 감정전달을 목소리에 실어 발화할 때 감성은 필터의 역할을 하는데, 의식하지 않기에 간과될 수 있는 부분입니다. 멋진 목소리와 격렬한 호흡이 있었다 하더라도 감성 없이는 감정은 갈피를 잡지 못하고 목적 없이 표류하게 됩니다. 감성은 감정을 감싸

칼슘을 넣으면 주황색 불꽃을 감상할 수 있으며 보라색 불꽃을 내려면 칼륨을 사용한다.

고 있습니다. 감정만으로는 성우의 감성을 책임지지 않기에 늘 감정을 위해 감성의 돌봄이 필요합니다. 감정은 당연하게 내면에 자리 잡고 있으나 감성은 날마다의 관심이 요구되는 능력의 부분입니다.

내 몸에서 만들어지는 피가 감정이라면, 외부로부터 수혈을 받아야 하는 감성은 어떻게 채울 수 있을까요? 필자는 다년간 성우훈련방식으로 시 낭송을 감수성훈련의 주요도구로 사용해왔습니다. 왜냐하면 활자언어의 첨단은 시 언어이기 때문입니다. 자신의 언어적 감수성 테스트를 하려면 각 시대의 시를 낭송하며 감정을 체크해 보세요. 100년 전 소월의 시에만 마음이 살랑거리는지, 70년 전 동주의 시에만 가슴 설레는지, 요즘 젊은 시인의 낯선 시어들에 거부감은 없는지. 감성은 공감의 능력입니다. 타인을 이해하는 폭이 감성의 핵심이죠. 시는 이 시대의 감성이 농축되고 집약된 언어의 최전선입니다. 성우는 언어의 얼리어답터*이기에 새로운 언어가 쏟아져 나오면 그것을

---

* 얼리어답터: 새로운 제품 정보를 다른 사람보다 먼저 접하고 구매하는 소비자.

소리내어 보고 그 발화된 소리를 감촉해 보아야 합니다. 활자의 언어를 소리로 전환해 주는 역할을 성우는 주로 하기에 청자에게 전달할 때 직역이 아닌 의역의 통역을 하려면 감성의 통역도 가능해야 하는거죠. 시인이 쓰는 글자가 활자 너머의 영역이듯 성우는 목소리 너머의 영역을 담아내야 합니다.

목소리 디자인

> 될 수 있으면 많이 감탄해라
> 많은 사람들이 충분히 감탄하지 못하고 있으니
>
> - 빈센트 반 고흐

성우에게 목소리는 만드는 문제가 아니라 디자인되는 문제입니다. 만들겠다고 생각하는 순간 목소리를 재료의 관점에서 바라보게 됩니다. 그래서 변화의 제약, 표현의 한계에 직면하게 됩니다. 디자인되어질 때야 비로소 목소리는 기획과 구성, 창의성과 상상의 범주 안으로 초대되어 다뤄지게 됩니다. 그릇을 만들 때, 제품으로써 그릇을 만드는 이와 무언가를 담게 될 편리한 아름다움을 만들겠다는 이의 결과물이 어찌 같을 수 있을까요?

성우의 목소리는 디자인된 목소리입니다. 감각을 열어놓고 가능한 경우의 모든 길을 열어놓은 목소리입니다. A라는 지점에서 B라는 목적지까지 가는 길에 대해 다양하게 말할 수 있는 목소리입니다. 그래서 성우의 목소리는 특정 직업의 목소리들과 달리 모든 분야의 목소리를 가능하게 하는 이유도 여기에 있습니다. 이해되는 디자인보다 편리한 디자인이 대중에게 선호되듯 성우의 목소리도 이해보다 공감에 기반을 두기에 존재합니다.

편리하다는 것은 '공감을 한다'와 같은 코드의 연결고리 선상에 놓여 있습니다. 편리함은 좋은 감정과 함께 그러하다고 인정할 공감의 감정을 내포하는 것이죠. 당신이 지금 사용하는 스마트폰이 편리하다면 전화기의 기능에 공감하는 것과 같습니다. 혹 청자에게 편리하지 않은, 즉 불편한 목소리로 전달된다면 이는 성우의 목소리가 공감되지 않았음을 뜻하기에 이때에 성우는 목소리를 새롭게 만드는 것이 아니라 디자인의 문제를 다시 고민하게 됩니다. 만들어진 목소리는 누군가에 의해 흉내내지거나 성우 스스로도 복제하려는 유혹에 빠지게 하지만 디자인된 목소리는 고유의 특성을 지니며 성우만의 개성으로 드러납니다.

목소리를 디자인할 때에는 기술적으로 톤을 결정하고, 캐릭터의 구성요소들을 기계적으로 적용하지 않으며, 눈에 보이는 텍스트(text)뿐 아니라 텍스트와 텍스트 사이나 텍스트 너머의 보이지 않는 콘텍스트(context)까지 읽어내는 것으로부터 시작됩니다. 이야기 흐름에 따른 맥락에서 적확한 목소리가 존재하기 때문입니다. 그 후에야 비로소 목소리는 박제된 형태가 아닌 생동감 있는 목소리로 탄생합니다. 성우의 목소리가 보통의 목소리에 비해 아름답거나 멋지게 들리는 이유는 고착된 소리가 아닌 무형이지만 유연하게 유영하며 청자에게 이미지를 섬세하게 재현

(representation)하는 역동적 목소리로 전달되기 때문입니다. 소설에서 작가가 정확하게 어떤 심리나 상황을 묘사한 글을 읽었을 때, 독자는 어떤 독특한 위로를 받았던 경험을 할 때가 있는데, 정확하게 어떤 이미지를 목소리로 전달할 때도 청자는 전자와 같은 경험을 하게 됩니다. 그렇기에 디자인되지 않은 목소리는 자칫 목소리 자체의 울림만 남게 되어 지속적으로 노출될 경우 피로감과 지루함을 느끼게 할 수 있죠. 무엇보다도 디자인된 목소리는 과거의 목소리를 수시로 살피게 되며, 청자의 감성에 발맞추려 부단히 자신을 뛰어넘는 시도를 하게 됩니다.

성우와 스타일

좋은 스타일은 눈에 띄지 않는다
– 시드니 루멧

성우에게 스타일이란 무엇일까요? 목소리 자체에 있을까요? 아니면 연기의 방식에 있을까요? 스타일은 사전에 '사물의 존재 양태나 사람의 행동에 드러나는 독특하고 일정한 방식'이라고 정의되어 있습니다. 아무래도 내면보다는 외양의 문제에 초점이 맞춰지는 듯한데요, 성우의 외양은 신체를 드러내 연기하지 않기에 온전히 목소리라고 할 수 있습니다. 성우의 목소리는 '독특함'과 '일정함'에서 스타일이 감지된다는 것입니다. 독특함은 개성의 문제인데, 이는 지문(指紋)과 같은 성우의 유일한 목소리들을 어떻게 변주해내느냐의 문제를 말합니다. 일정함은 훈련된 목소리의 안정된 톤을 캐릭터나 장르에 일관성 있게 적용하느냐는 문제와 더불어 어떤 예측되거나 기대되는 변화의 패턴을 가지느냐의 복합적 보유 여부를 포함하고 있습니다. 그러니까 성우연기에서의 스타일은 어떤 목소리를 내며 연기했느냐보다 어떤 과정을 통해 목소리를 내며 연기했느냐로 드러나게 되는 것입니다.

성우는 소리의 울림만으로 청자를 자극하고 감흥케 하는 것으로 보이지만, 실제로는 소리로 형상화시킨 이미지 조합의 구성미로 제시되는 스타일이 감동을 선사합니다. 성우는 눈에도 보이지 않는 이미지들을 스타일로 구현해냅니다. 성우는 육체를 가리고 연기하기에 의미전달력과 함께 감정전달력의 견고함으로 소리와 함께 청자에게 펼쳐질 이미지들을 마련합니다. 이미지를 화자의 개별적 상상에서 해석하고 소리와 색깔을 맞춥니다. 이때 장르도 살피고, 청자의 눈높이도 고려합니다. 이야기의 연속성도 놓치지 않습니다.

성우는 이야기에 주목하는데 굳이 드라마가 아니더라도 마련한 이미지들이 스토리를 자연스럽게 형성합니다. 주장이든 설득이든 설명이든 성우의 발화는 각자의 고유한 길을 가지고 있어서 이야기의 큰길부터 오솔길까지 청자를 친절하게 안내합니다. 그 조화로운 길의 모색. 그 시점에서 성우의 스타일은 표출됩니다. 소리로 전달되는 스타일과 함께 이미지로 보여주는 스타일은 성우만 가지고 있는 특별한 능력이고 특징입니다. 마치 동일한 옷을 걸친 두 명의 모델이 각각의 전혀 다른 의상스타일을 선보이는 것과 같습니다. 성우에게 유일한 목소리를 외로운 향연으로 떠밀지 않고 이미지로 그 외연을 확장하고 익숙한 목소리로 인식되기를 불편해 하는 것이 스타일의 존재

이유입니다. 비로소 성우의 스타일은 목소리 자체로부터 자유로워집니다.

 성우의 스타일은 마치 각 업체의 정수기 필터가 스스로의 장점을 다르게 내세우듯 성우 자신의 개성에 더해 발화된 소리의 최종 여과 장치를 보유했느냐의 여부에 달려 있습니다. 이때 소리의 여과는 좋은 소리로서의 여과, 정확한 발음으로의 여과가 아니라 진부함과 익숙함에 대한 여과입니다. 스타일은 시대적 감수성의 트렌드를 거슬러 드러나지 않습니다. 어제 열광한 스타일이 오늘은 낡은 것일 수 있습니다. 특히 성우는 시대에 따른 목소리 감수성에 민감해야 합니다. 헤어스타일과 패션만이 유행이 있는 것이 아닙니다. 패션디자이너가 앞으로 유행할 옷감을 고르듯, 헤어디자이너가 미래의 대중이 선호할 머릿모양을 구상하듯, 성우는 앞으로 언중이 사용할 언어의 결을 미리 고민해야 하는 언어 스타일리스트가 되어야 합니다.

성우의 테크닉

위키피디아에서 진정성에 대한 정의를 찾아보면, 사전적 의미부터 심리학적 의미, 실존주의 철학적 의미(쇠렌 키에르케고르, 하이데거의 본래성(eigentlichkeit), 장 폴 사르트르와 연관된 정의), 기타 경영학적 의미 등 다양한 분야로 나뉘어져

있음을 알 수 있습니다. 그중에서 우리가 관심을 갖고 접근해 볼 예술에서의 진정성에 대한 풀이는 다음과 같습니다.

> 예술 철학에서 "진정성"은 예술의 인식을 역사적 전통이나 상업적 가치와 같은 외부 가치에 부합하기보다는 예술가의 자아에 충실한 것으로 묘사합니다.
> In philosophy of art, "authenticity" describes the perception of art as faithful to the artist's self, rather than conforming to external values such as historical tradition, or commercial worth.

우리는 지금 진정성이 어떻게 성우연기에 다가와 영향을 행사하고 그로 인해 동적 연기가 가능한지를 살펴보려고 합니다. 진정성은 성우연기를 보다 현란한 기술로만이 아닌 더욱 자연스럽고 입체적이며 견고한 형태로 이끕니다. 특히 라디오드라마 연기뿐 아니라 내레이션 연기 등에서 보여집니다. 문학평론가 황종연은 그의 비평서 『비루한 것의 카니발』에서 진정성을 언급합니다. 그는 문학에

빗대어 언급했지만 문학도 예술이고 성우도 예술이기에 상통하는 부분을 찾는다면 의미 있다는 생각입니다.

> 진정성은 실정적으로 정의된 어떤 행위나 상태를 표시하지 않는다. 그것은 오히려 부정의 용어이다. 진정성은 진정성이 부재한다는 인식 속에, 진정성을 추구하는 행동 속에 존재한다.
> - 황종연, 『비루한 것의 카니발』 중에서

여기서 주목할 부분은 실정적, 부정, 그리고 행동이라는 단어입니다. 실정이라고 하는 것은 긍정(positive)을 말하며, 부정은 네거티브(negative)이며, 행동은 어떠한 액션을 말합니다. 그런데 여기서의 실정은 흔히 말하는 긍정과는 사뭇 다른 의미를 내포합니다. 그러니까 정적인(static) 느낌을 가지는, 이미 고착된 형태의 의미로 이해됩니다. 그것을 성우로 가져와 풀어보자면, 화자가 이미 정해버린 플랜의 확정된 발화나 호흡을 말하며, 이것은 과정의 고민된 갱신이 전혀 존재하지 않으며, 귀착되는 종착지의 문제만을 이릅니다. 실정의 그것은 분명 존재하나 부정이라는 과정을 통해서 새롭게 설계되고 변형되고 진화되어야 한다는 말이죠. 그래서 여기서의 부정은 화자의 텍스트를 발화하는 순간순간을 관여하는 단어 본래의 뜻에 반하는 적극적인 행동을 말합니다. 그 과정이야말로 행동을 수반하며, 진정성을 더욱 강화시켜줍니다.

> [가] 연기 플랜의 단계 ➡ [나] 발화의 진행 ➡ [다] 다음 장면으로의 전개

진정성으로 결코 [가]와 [나]사이, [나]와 [다]사이에서만 이뤄지는 문제가 아니라, [가]로부터 [나]를 지나 - 여기에는 수많은 진정성의 골격이 되어줄 징검다리를 일일이 두드리며 건너야 합니다. - [다]에 도달하면서 쉼 없이 가동되어야 할 문제인 것입니다. 그렇다고 해서 절대로 진정성은 기술이 아니고 방법이 아닙니다. 진정성은 어떠한 문장에서부터 문장으로 - 이것은 곧 하나의 세부감정에서 또 다른 세부감정으로 옮겨가는 순간들의 연속입니다 - 발을 내딛을 때에 그저 활자의 이끌림을 강하게 저항하고

화자 본연의 성실한 나아감을 놓지 않으려는 의지입니다. 그것은 화자가 가진 캐릭터의 살아있는 감정과 손잡기를 주저하지 않게 합니다. 이것은 마치 살아있는 물고기를 잡을 때와 같은 신선함을 느끼게 합니다. 성우가 하나의 텍스트를 발화하는 것이 냉동된 재료를 가지고 화학조미료에 절인 요리가 되어서는 안 됩니다. 싱싱한 재료의 맥박을 느끼는 요리사야말로 진정한 요리의 경지를 우리에게 맛보게 하듯이 텍스트의 맥박을 발화를 통해 전달하지 못하는 성우는 결코 좋은 연기를 했다고 볼 수 없는 까닭입니다. 진정성은 구체적 실체나 도제적 전달로 인식되거나 훈련되어서는 안 되며, 성우의 부단한 집중력 강화와 텍스트로부터 대상으로의 자연스러운 전이가 가능하도록 유연한 신체 훈련과 감성적 훈련이 병행되어야 할 것입니다.

사전적 의미에서 '예술가의 자아에 충실한 예술일 때 진정성이라 말한다.'는 것은 결국 진정성의 행동을 요구하는 - 그리고 응하는 - 것을 통해 완성됨을 알 수 있습니다. 단순 발화의 끝자락에 던져진 호흡의 격렬함이나 어떠한 암묵적으로 합의된 발화의 수렴은 성우의 진정성을 발휘되어진 연기인가를 고민하게 할 것입니다. 성우연기에서의 진정한 테크닉이 무엇이냐고 반문한다면 말하는 이의 진정성이라고 말할 수 있습니다.

마인드 다층화

> 가장 원대한 비현실을 붙드는 사람만이
> 가장 위대한 현실을 창조해낼 것이다
> – 조르조 아감벤

영화 〈토이 스토리〉 시리즈를 성공적으로 이어가고 있던 픽사는 1988년, 새로운 시도를 준비하고 있었습니다. 이전의 셀애니메이션의 형태가 아름다운 이미지만을 제작하는 분위기여서 그들의 3D애니메이션의 시도는 무모

하기 짝이 없어 보였죠. 그리고 이미지들의 부자연스런 움직임을 1시간 이상 참고 볼 관객들이 있을까 하는 우려가 팽배했습니다. 그러한 위험부담을 조금이나마 완충하고자 '어색할 수도 있어요, 장난감들이잖아요'라고 변명할 여지를 마련한 〈토이 스토리〉가 탄생하게 되었다는 픽사의 창립자 존 래시터의 농담 같은 탄생 일화는 일리가 있어 보이죠. 하지만 그로부터 7년 뒤, 1편이 공개된 1995년 겨울, 전 세계는 열광하고 맙니다. 단순한 테크놀로지의 신기함을 넘어 사물에 감정을 넣는 시도와 무성영화적 기법의 도입을 컴퓨터를 통해 구현해 내는 데 성공했기 때문이죠. 1, 2편의 성공 후에도 정교한 기술적 시도는 우디의 광대뼈를 부드럽게 표현하였으며, 3편의 악당 랏초의 털 재질의 빛 반사와 다양한 굵기와 길이로 3,473,271개의 표현을 가능하게 했습니다. 1, 2편의 감독을 맡았던 존 래시터는 이렇게 말합니다. "우리가 제대로 만든다면 역설적으로 관객은 그 변화를 알아차리지 못할 것이다."

우리는 날마다 연기를 하면서 가장 손쉽고 간편한 방법인 도제식 기법을 기피하거나 혹은 지양하며 성우연기의 구축을 시도합니다. 그리고 덧칠하고 적용하는 분야의 다양함은 가히 무모할 정도의 시도로 비치기도 합니다. 철학, 문학, 스포츠를 이야기하고, 미술, 건축, 메타포를 가져다 오기도 합니다. 이것이 과연 어떤 의미가 있을까 하는 질문에 〈토이 스토리〉 초기 작품감독이자 창립자인 존 래시터의 말 한마디가 함축적으로 대변해 줍니다. 악당 랏초의 털 개수의 늘어남이 관객에게 어떤 서비스를 제공할까요? 랏초의 털이 빛에 반사될 때의 질감적 느낌이 영화를 보는데 얼마나 절대적 차이를 보일까요? 어쩌면 의미 없는 일일 수도 있음을 그도 인정합니다. 기술의 발전으로 더욱 정교해짐은 관객이 알아채느냐 그렇지 않느냐와 무관하게 의미 있다고 말합니다. 성우연기도 예외일 수 없습니다.

마인드의 다양성은 입체적인 성우연기의 격조 있는 상승 배치와 다층화를 가능하도록 합니다. 셀애니메이션에서만 가능하리라 생각했던 정교함의 터치가 3D애니메이션에서도 그 결의 차이를 느끼지 못하게 하여 관객들로 하여금 셀애니메이션의 기법이 오히려 때 지난 영상으로 치부하게 만들고 맙니다. 이렇듯 성우연기에 있어서도 기존의 음성미학적이고 탐미적인 기법으로 획일화되고 자연반복적 방법론에 갇힌 채 정체된 형태보다는 다양하고 다층적인 이야기의 다채로움 속에서 가능성을 제시하는 환경으로 체질을 개선해야 합니다. 제대로 만든다는 것은 물고기가 헤엄칠 물을 살핀다는 것이고 나무가 자랄 토양에 주의를 기울인다는 것입니다. 더 이상 물고기의 생존을 위해 물고기만 만지작거리고, 나무의 성장을 잎에서만 관찰하지 않아야 합니다. 아가미와 연결된 고리, 뿌리와 맞닿는 고리를 고민하기 위해서도 성우연기와의 연결고리를 보다 넓은 범주에서 찾아야 합니다.

Description For Voice Art
성우를 만드는 22가지 질문들

| 세상에 풀며 |

학문의 옷을 입고 예술로

 후기 인상주의 화가 폴 세잔은 "감정으로부터 시작하지 않은 작품은 예술이 아니다"라고 말한 바 있습니다. 그렇다면 성우의 행위로 만들어내는 작품들이 대중에게 예술로 인식되고 있는지 반문하게 됩니다. 성우는 감정으로 시작된 연기를 수행하는 자로서의 기능과 역할을 하고 있습니다. 화가가 물감과 붓, 조소의 도구 등을 이용해 작품을 만들어 내고, 음악가가 악기나 목소리를 사용해 어떤 예술적 작품들을 창조해냅니다. 성우가 마이크를 통해 청자에게 들려주는 감정연기나 소리의 변조로 만들어진 콘텐츠들이 과연 예술의 범주에 편입되는가의 부분을 생각하게 합니다. 이러한 성우를 예술가로서 나아가는 데 있어서 다소 미흡한 부분을 아래의 글은 의미 있게 제시하고 있습니다.

… 르네상스가 궁극적으로 '인쇄술'이라는 혁명적 매체의 발명으로 나아갈 수 있었던 것도 이런 사상적 변화와 무관하지 않다. 인쇄술 이전에 그림을 그리는 화가는 그렇게 높은 대접을 받지 못했다. 화가가 '직인'의 수준을 넘어서서 '예술가'로 격상되기 위해 필요했던 것은 바로 '학문적 지식'이었다. 이 지식은 오늘날 '과학'이라고 부르는 것이었는데, 보통 '지혜'라고 부를 수 있는, 기술을 넘어선 차원에서 획득할 수 있는 '주체적 앎'이라고 할 수 있다. 그림을 기술의 숙련이라는 관점에서 '화가의 상상력'이라는 중요한 변수를 고려하는 관점에서 바라보기 시작한 것은 피렌체에서 융성하기 시작한 인문주의의 영향 때문이었다.

- 이택광, 『마녀사냥』 중에서

위에서 언급한 바와 같이 오늘날 화가가 예술가로서 격상될 수 있었던 이유 중 하나로 '학문적 지식'을 인쇄술의 발달에 편승해 대중에게 전달되는 과정에 화가의 직인으로서의 역할보다 '주체적 지식의 전달자'로서의 전환이었다고 말합니다. 예술을 지식으로 접근하지 않고서는 낮은 단계의 '직인'의 한계를 넘기 어렵다는 것은 현재의 성우에게도 전하는 의미가 남다릅니다.

성우를 학문적인 지식으로 체계화한다는 것은 기술적인 방법론적 서술만을 이야기하지 않습니다. 이전의 서술방식에서 과감하게 탈주하여 보다 철학적이고 인문학적인 근본적인 고민과 함께 그 후 발생하는 상황의 유연한 결과물들에 대해 열어놓고 그 패턴과 흐름을 자유롭게 이야기해야 합니다. 성우연기의 특성은 단순 연기서적에서 선보이는 방법론보다 훨씬 광활하며 확장 가능한 범주가 무한하기에 성우 내에서 머무르지 않고 다양한 예술분야와의 조우를 준비해야 할 것입니다. 음악, 미술, 무용, 건축, 영화 등 이미 모든 예술 분야에서 자신의 경계를 허물고 타 예술 간의 통섭을 활성화하고 있습니다. 성우 또한 그러한 움직임이 전무한 것은 아니나 그 특별한 장점을 살려 더욱 창의적이고 활발하게 지평을 넓히는 데 주력해야 합니다.

지금 우리는 어느 때보다 강력하게 성우의 언어를 필요로 하는 시대를 살아가고 있습니다. 출판사들은 오디오북 시장을 앞다투어 활성화하고 있으며, 평균 연령이 늘어나면서 고등교육을 받은 고령층의 증가로 그들의 지적 욕구를 감당할 사회복지에서의 음성서비스 제공 등은 좋은 예입니다. 꼭 직업적 성우양성이 아니라더라도 이 분야에 최적화되어 훈련된 성우들이 각계각층에 파견되어 교육을 담당해야 합니다. 이렇듯 무엇을 꿈꾸어야 하는지를 생각한다면 우리는 무엇을 지켜왔고 무엇을 허물어왔는지도 알아야 합니다. 학문적 기반의 체계적인 지식의 문서화는 많은 세론(detailed discussion)과 담론(discussion)을 유도하게 될 것입니다. 충분한 체계적 지식의 기반 아래서 평가받지 못하는 예술은 결코 한 걸음도 의미 있게 나아가지 못하고 고인 채로 머물다 역사 속으로 조용히 사라진다는 것을 우리는 너무나 잘 알고 있기 때문입니다.

참고한 책들

- 가라타니 고진, 『일본근대문학의 기원』, 도서출판b.
- 김용언, 「씨네21 - 764호 토이 스토리 시리즈의 마법, 그 비밀의 문을 열다」, 씨네21.
- 무라카미 하루키, 『의미가 없다면 스윙은 없다』, 문학사상사.
- 베른하르트 슐링크, 『책 읽어주는 남자』, 시공사.
- 빈센트 반 고흐, 『반 고흐, 영혼의 편지』, 예담.
- 오종우, 『예술 수업』, 어크로스.
- 이-푸 투안, 『공간과 장소』, 사이.
- 이택광, 계간 「자음과 모음-2010년 여름호 마녀사냥(2회) 과학적 방법은 어떻게 마녀를 발명했는가」, 자음과모음.
- 장승리, 『무표정』, 문학과지성사.
- 조용진·배재영, 『동양화란 어떤 그림인가』, 열화당.
- 존 러스킨, 『존 러스킨의 드로잉』, 오브제.
- 진중권, 『진중권의 현대미학 강의』, 아트북스.
- 최승호, 『네 정신에 새로운 창을 열어라』, 민음사.
- 카림 라시드, 『나를 디자인하라』, 미메시스.
- 파트리크 쥐스킨트, 『향수』, 열린책들.

영감 준 책들

- 가스통 바슐라르, 『공기와 꿈』, 이학사.
- 롤랑 마뉘엘, 『음악의 기쁨』, 북노마드.
- 루쉰, 『아Q정전』, 창비.
- 알베르토 망구엘, 『독서의 역사』, 세종서적.
- 이동용, 『쇼펜하우어, 돌이 별이 되는 철학』, 동녘.
- 이한우, 『논어로 논어를 풀다』, 해냄출판사.
- 정현종, 『두터운 삶을 향하여』, 문학과지성사.
- 존 버거, 『본다는 것의 의미』, 동문선.
- 최진석, 『인간이 그리는 무늬』, 소나무.
- 한병철, 『아름다움의 구원』, 문학과지성사.
- E.H. 곰브리치, 『서양미술사』, 예경.

Description For Voice Art
성우의 언어 - 성우를 만드는 22가지 질문들

초판 1쇄 2021년 7월 28일
초판 3쇄 2024년 3월 18일
저　　자 이 숲 오
일러스트 Ｂｏｎａ
발 행 인 권 호 순
발 행 처 시간의물레
등　　록 2004년 6월 5일
주　　소 경기도 파주시 숲속노을로 150, 708-701
전　　화 031-945-3867
팩　　스 031-945-3868
전자우편 timeofr@naver.com
블 로 그 http://blog.naver.com/mulretime
홈페이지 http://www.mulretime.com
정　　가 11,900원

ISBN 978-89-6511-360-7 (03190)

*이 책의 저작권은 저자에게, 출판권은 시간의물레에 있습니다.
*잘못된 책은 바꿔드립니다.